문화 콘텐츠, 스토리텔링을 만나다

문화 콘텐츠,
스토리텔링을 만나다

2006년 10월 13일 초판  1쇄 발행
2017년  8월 17일 초판 13쇄 발행

지 은 이 | 최혜실
펴 낸 곳 | 삼성경제연구소
펴 낸 이 | 차문중
출판등록 | 제1991-000067호
등록일자 | 1991년 10월 12일
주    소 | 서울시 서초구 서초대로74길 4(서초동) 삼성생명서초타워 30층
전    화 | 02-3780-8153(기획), 02-3780-8084(마케팅), 02-3780-8152(팩스)
이 메 일 | seribook@samsung.com

ⓒ 최혜실 2006
ISBN | 978-89-7633-322-3 04320
        978-89-7633-211-0 (세트)

066 **SERI** 연구에세이

# 문화 콘텐츠, 스토리텔링을 만나다

최혜실 지음

삼성경제연구소

참 신기한 체험이었다. 문자문학을 공부하던 나는 '이야기' 하면 종이책 속에 있는 문학을 떠올렸다. 그러나 1991년 국어국문학 박사학위를 받고, 1992년 KAIST에 부임한 후로 전산·산업공학·산업디자인 등을 전공한 교수들과 교류하면서 이야기가 종이 속에만 들어 있는 것이 아니라 전자 공간, 상품, 제품 기획 및 디자인에 활용되고 있다는 사실을 알았다. 컴퓨터 게임, 감성 마케팅, 시나리오 기반 디자인을 접한 후 세상을 둘러보니 이야기는 종이 속에서 뛰쳐나와 삶의 곳곳에서 숨 쉬며 살고 있었다.

왜 그럴까? 이 현상이 어떤 방식으로 발전할 것인가에 대한 호기심이 논의의 출발점이 되었다. 놀랍게도 '이야기의 생활화'는 정보통신의 발달과 밀접한 관계를 가지고 있었으며, 이 과정에서 근대 이후에 분리되었던 예술과 상품은 탈근대의 디지털 시대에 다시 조화로운 결합을 시도하고 있었다. 자연스럽게 논의는 이야기의 행방과 현주소에 대한 의문으로 이어졌다.

오늘날 이야기는 연극·영화·애니메이션·광고·게임·대중 강연·교육 등 모든 분야에서 활용되고 있었다. 그러나 각 분야의 종사자들은 자신이 활용하고 있는 최신 트렌드의 본질이 '이야기'라는 사실을 깨닫지 못하고 있었다. 그들의 무의식적인 차용을 보다 체계적이고 깊이 있게 만들 수는 없을까?

물론 이야기는 문학의 내러티브(narrative)와 동의어가 아니다. 문학의 서사구조는 다양한 매체에 따라 날렵하게 몸을 바꾸는 이야기의 한 부분에 불과할 뿐이다. '이야기'는 인간이 세계를 인식하고 발화하는 중요한 방식이며 그 범위는 대단히 넓다.

그러나 근대 이후 이야기학에 가장 집중적이고 고난도의 이론이 쌓여 있는 분야가 문학이라는 사실은 간과해서는 안 될 중요한 부분이다. 왜냐하면 근대 대부분의 지식이 생산, 소비되는 매체가 인쇄 매체였기 때문이다. 가장 권위 있고 객관적인 지식 생산의 보고였던 인쇄 매체를 기반으로 탄생한 문학 장르에 우수한 인재들이 모여들었고, 그 과정에서 이야기학은 자연스럽게 발달하였다. 그리고 그것의 자양분은 영화 장르에 투입되었다.

이제 이야기학을 이 수준에서 더욱 발전, 확대시켜야 할 시점이다. 특히 지금까지 장르별로 각기 발전되어온 이야기학을 소통시키고 공통분모를 도출하여 연관성을 살펴야 할 필요성이 더욱 시급해졌다. 왜냐하면 디지털 매체의 컨버전스 현상으로 지금까지 다른 장르로 여겼던 것들이 디지털 매체로 통합되고 있기 때문이다. 장르 사이의 연계와 소통은 훨씬 빈번해졌고 문화산업에서 한 장르가 성공했을 때, 다른 장르로의 이동이 필연적이 되었다.

예를 들면 소설 《반지의 제왕》이 독자들의 이목을 끌자 영화화되고, 그 영상의 힘을 바탕으로 관광상품이 개발된다. 더 나아가 영화 〈반지의 제왕〉이 모바일 콘텐츠를 통해 서비스될 때는 콘텐츠의 성격상 요약·압축된 콘텐츠가 필요해진다. 또한 게임으로 만들 가능성도 있고 캐릭터 상품의 개발도 가능하다.

이 과정에서 중요한 것은 매체의 특성에 맞게 원본 서사를 각색하는 일이다. 막대한 자금이 투입되는 문화산업에서 섣부른 각색은 파멸을 자초하는 지름길이다. 소설에서 영화로, 영화에서 소설로, 영화에서 게임으로 이동하는 과정에서 장르 간 이야기 변모의 규칙을 도출할 수는 없을까? 규칙을 모델링할 수 있다면 각색에서 발생하는 위험을 최소화할 수 있다.

예를 들어 게임 '툼 레이더'의 주인공 라라 크로포트는 정말 매력적인 인물이어서 많은 마니아층을 양산했다. 그러나 영화화되었을 때, 주인공 역을 맡은 안젤리나 졸리의 엄청난 매력에도 불구하고 이야기는 밋밋하고 뻔해졌다. 그 원인은 바로 매체의 차이에서 비롯된다. 아바타에 자신의 감정을 이입하는 게임의 등장인물은 단순명료해야 한다. 변덕스럽고 복잡해서는 게이머가 쉽게 자신의 감정을 이입할 수 없다. 반면 관찰하고 분석하면서 보는 영화의 주인공은 복잡하고 개성 있는 캐릭터여야 한다. 불행히도 영화는 게임의 여주인공을 그대로 답습했다. 당연히 안젤리나 졸리는 힘 잘 쓰는 근육질의 멍청한 미녀로 비칠 수밖에 없는 것이다.

이 책의 출발점은 바로 매체서사학의 가능성이다. 이야기의 본질을 밝히며 매체에 따라 다르게 변모하는 이야기의 법칙을 도출하는 것, 그 꿈이 이루어질 때 한국의 문화산업은 한 단계 업그레이드되면서 보다 안전한 흥행의 보험을 들 수 있게 될 것이다.

2006년 10월
최혜실

# 차 례

# 1



현대인과 스토리텔링

# 이야기란 무엇인가

## 이야기에 대한 편견들

'이야기' 하면 가장 먼저 떠오르는 생각은 무엇일까? 아마 할머니가 들려주는 구연동화가 첫 번째이고, 소설이 두 번째일 것이다. 우리는 "재미있는 이야기 한번 해봐라", "최근에 소설을 읽었는데 스토리가 참 재미있더라"와 같은 표현을 흔히 쓴다. 이야기가 원래 구술 문화에서 나온 것이고, 우리에게 가장 친숙한 매체가 인쇄 매체이기 때문에 소설이 떠오르는 것은 당연하다. 이 과정에서 이야기는 현실과 반대되는 것, 꾸며낸 것, 허구(虛構)라는 의미가 강하다. 즉 인쇄 매체만이 아니라 지금까지 이야기는 삶의 영역과 자신의 영역에 강한 금을 그어놓고 있었다. 연극은 무대 안에서 영화는 스크린 안에서 스토리로 진행된다.

그러나 실제 이야기의 범위는 우리가 생각하는 것보다 훨씬 넓다. '이야기' 의 특성에 대해 지금까지 논의된 정의들을 포괄적으로 살펴보자.

첫째, 이야기는 인간이 세계를 인식하는 근본적인 한 가지 방식이다. 우리는 이야기에 둘러싸여 있다. 어린 시절에는 할머니가 해주시는 옛날이야기를 듣고, 차츰 자라면서 동화·소설·전기 등을 읽는다. 성경이나 불경에 나오는 이야기들을 통해 도덕을 배우고 종교적 신념을 얻는다. 심지어 과학적 지식도 과학자들이 어떤 발견을 하게 되는 과정의 이야기를 통해 습득한다. TV 드라마나 쇼 프로그램을 통해 우리 시대의 문화를 익히고 뉴스에서 아나운서의 이야기를 통해 시사지식을 얻는다. 우리는 대화를 할 때도 농담을 던지거나 우스갯소리로 분위기를 부드럽게 한다. 또 자신의 일화를 인용하며 상대방을 설득하기도 한다. 심지어 잠을 잘 때도 이야기를 붙들고 있다. 우리는 이야기 형태로 꿈을 꾸며 그것을 다시 다른 사람들에게 이야기한다. 이야기는 인간이 세계를 인식하는 근본적인 한 가지 방식인 것이다.

둘째, 이야기는 다양한 매체를 통해서 표현된다. 세상에는 무수한 형식의 이야기들이 있다. 이야기, 서사물의 매체들 가운데 발언된 언어(문자언어 및 음성언어), 그림(靜畵, 動畵), 제스처 등 다양한 방식으로 혼합한 것들이 있다. 이야기는 신화, 전설, 우화, 설화, 소설, 서사시, 역사, 비극, 추리극, 희극, 무언극, 회화, 스테인드글라스로 된 창, 영화, 뉴스, 일상대화 등 무수한 형태로 존재한다. 그리고 이 무수한 형식을 통해서 이야기는 시대, 장소, 사회를 초월하여 존재한다. 이야기는 인류의 역사와 동시에 시작되었다고 표현할 수 있을 정도이다.

셋째, 이야기에는 시작과 끝이 있다. 모든 이야기는 물리적 사물로서 '울타리로 둘러싸여' 있다. 반면 현실세계는 시작과 끝이 없다. 사람이 태어나서 자라고 죽는다는 시작과 끝이 아니다. 또 우리는 우연히 누구를 만나고 어떤 사실을 접한다. 반면 이야기에서 인물의 행동은 전체적인 맥락에서 치밀한 필연성에 의해 시작되고 끝난다. 때문에 이야기에서 결말을 흐리거나 사건을 원점으로 되돌려놓더라도, 즉 끝이 지연되든 순환되든 그것은 내적 개연성에 의해 시작되고 끝난다고 할 수 있다. 모든 책에는 마지막 장이 있고 모든 샷(shot)에는 마지막 샷이 있다.

넷째, 이야기는 이중으로 된 시간적인 시퀀스(sequence)이다. 모든 이야기에는 두 종류의 시간성이 있는데 하나는 이야기된 것의 시간성이고, 다른 하나는 이야기 행위 자체에 걸리는 시간성(문학에서는 독서시간, 영화에서는 상영시간)이다. 그러나 묘사는 시간에 해당한다. 어떤 공간에는 시간성이 존재하지 않는다. 그러나 소설에서 그 장면을 묘사한다면 독자가 그것을 읽는 데 시간이 걸리게 된다.

다섯째, 모든 서술행위는 담론이다. 현실세계는 그 누구에 의해서도 발화된 것이 아닌 반면, 서술행위는 담론이다. 서술행위는 발화행위의 주체와 반드시 관계되는 일련의 발화체이다. 그것은 이야기하기 때문에 반드시 누군가가 이야기해야 한다. 그리고 이야기된 지각은 이야기된 사실을 비현실화한다. 예를 들어 뉴스에서 일주일 동안의 백화점 매출상황을 이야기하는 것은 그것을 자기로부터 떨어진 다른 곳에 놓는 일이다. 그것은 또한 다른 장소들을 동시에 연결하는 상상의 지형학을 창조하는 일이기도 하다.[1]

---

1 제랄드 프랭스(1988), 《서사학 : 서사물의 형식과 기능》, 최상규 옮김, 문학과지성사 ; 앙드레 고드로 · 프랑수아 조스트(2001), 《영화서술학》, 송지연 옮김, 동문선.

## 이야기, 서사, 스토리, 스토리텔링, 놀이

첫 번째 정의는 지금까지 이야기가 현실세계가 아닌 허구의 세계를 다루는 것이고 간단한 것은 우스갯소리나 구연동화 등으로 구술되고 본격적인 것은 소설처럼 인쇄 매체에 존재한다는 편견을 불식시킨다.

두 번째 정의에서 우리는 이야기가 셀 수 없이 많은 매체에서 구현될 수 있다는 사실을 알 수 있다. 즉 가장 본격적인 이야기는 소설이고 기껏 범위를 넓힌다고 해도 영화나 방송 드라마 같은 영상물의 대본 정도이며, 그 또한 영상이 주가 되지 스토리가 주가 되지 않는다는 견해는 잘못된 것이다. 영상과 문자, 말의 복합적인 작용 속에서 이야기는 존재한다.

그런데 디지털 매체의 등장으로 앞에서 설명한 이야기의 세 번째 특징은 무너진다. 예를 들어 컴퓨터 게임을 한다고 하자. 프로그래밍된 이야기의 데이터베이스가 존재하고, 게이머는 컴퓨터를 열어 게임을 시작한다. 각자 자신의 취향이나 능력에 따라 이야기의 진행은 달라진다. 다음날 또다시 게임을 하면 그때그때의 상태에 따라 이야기는 또 달라진다. 이야기의 시작은 있지만 끝이 없다. 끊임없이 만들어가는 것이다. 여기서 '이야기하기'는 이야기하는 현재의 상황에 대한 중요성과 화자와 청중의 상호작용이라는 행위의 측면이 강조되는 단어이다.

게임의 이러한 특성은 구술 문화의 속성과 상당히 닮아 있다. 이야기꾼이나 공연자가 공연현장에서 이야기하면 청중들은 그 이야기를 듣는다. 공연이 끝나면 그 당시의 이야기는 허공으로 사라지고 청중의 기억 속에만 남게 된다. 아무리 같은 이야기를 다시 한다고 해도 그때그때의 상황이나 장소, 청중의 성격에 따라 이야기 방식은 달라진다. 현장성, 현재성이 중요시되기 때문에 이때의 이야기는 이야기하기, 즉 이야기의 행위에 초점이 맞추어진다.

온라인 게임에 가면 네 번째 조건에 문제가 생긴다. 이야기된 것의 시간성과 이야기 행위 자체에 걸리는 시간성(문학에서는 독서시간, 영화에서는 상영시간)의 존재는 사라진다. 한 사람의 육십평생을 그린 소설을 세 시간 만에 읽었을 때 60년과 세 시간이란 차이가 나타난다. 그러나 온라인 게임에서 아바타의 시간과 오프라인에서 자신의 시간은 병치해서 흐른다. 즉 아바타의 시간은 그 몫대로 흘러가고 나의 시간은 자연 그대로 흘러간다. 아바타의 시간을 정확히 알 수 없으니 이중적이라는 개념에도 차질이 생기는 것이다.

결국 디지털 시대의 이야기는 아무래도 '이야기'라는 과거의 속성과 일방적인 특성을 지닌 방식보다는 이야기하기란 현재성, 상호작용성이 중요한 요소로 작용한다. 그러나 한국어에서 '이야기하기'란 개념이 아무래도 생경하므로 이 책에서는 스토리텔링(storytelling)이란 원어를 주로 사용하고 더불어 좀더 포괄적인 개념으로서 '이야기'를 병행해 쓰도록 하겠다.

이야기와 유사한 명칭은 여러 가지이고, 비슷한 뜻이 있지만 조금씩 다르게 쓰인다. 먼저 '이야기'는 구비전승(口碑傳承)의 의미를 많이 띤다. 즉 구술 문화의 소산으로 이야기꾼의 입담과 같은 성격이 강하다.

반면 '서사(徐事)' 는 문학의 이야기 구조라는 의미가 강하다. 인쇄 매체의 영향으로 책은 가장 영향력 있는 지식전달의 도구로 오랜 세월 특권을 누렸으며 그 강력한 매체를 기반으로 하는 이야기 장르에 재능 있는 이야기꾼이 대거 몰려들었다. 당연히 이야기 구조에 대한 연구는 소설의 분석에서 주로 나오게 되었고, 서사학이란 학문적 영역은 문학을 중심 범주로 하고 있다.

'스토리(story)' 는 허구로 구조화되기 전의 전체 줄거리란 의미로 서사학자들 사이에서 많이 논의되어왔다. 즉 기본골격으로 스토리가 있고 이를 플롯(plot)으로 꾸민 것을 담론(disco-urse)으로 불렀다. 반면 스토리텔링은 디지털 매체를 기반으로 하는 이야기 장르에서 흔히 쓰이는 말이다. '이야기하기', 즉 이야기에 참여하는 현재성·현장성을 강조한 말이다.

그렇다면 '놀이' 는 무엇일까? 소꿉놀이를 생각해보자. 한 아이는 엄마 역을, 한 아이는 아빠 역을 맡고 각자의 역할에 맞는 시나리오를 짠다. 아침에 일어나서 엄마는 밥을 짓고 아빠는 직장에 나갈 준비를 한다. 즉 여기서 '놀이' 는 '내가 참여하여 만드는 이야기' 이다. 디지털 스토리텔링의 대중적 장르인 컴퓨터 게임의 뜻에 '게임=놀이' 란 개념이 들어 있는 것은 이 때문이다. 결국 놀이는 상호작용성을 지닌 이야기인 것이다.

# 현대인과 이야기

## 천재적인 이야기꾼 : 빈 라덴과 스토리텔링

오전 8시 45분, 한국 시간으로 오후 9시 45분경, 미국 세계무역센터 북쪽 타워에 첫 번째 비행기가 충돌했다. 보스턴을 출발하여 로스앤젤레스로 향하던 아메리칸 항공 보잉767기가 이륙 직후 납치되어 뉴욕 월가 근처의 110층짜리 무역센터 쌍둥이 빌딩 북쪽 건물 80층 근방을 들이받은 것이다.

18분 뒤인 9시 3분경, 이번에는 다른 비행기가 세계무역센터 남쪽 건물로 날아와 중간 부분을 강타했다. 이 비행기 역시 보스턴을 출발해 로스앤젤레스로 향하던 유나이티드 항공 175기였다.

당시 2만여 명이 출근해 근무하고 있던 세계무역센터 빌딩은 물론이고 주변 건물에 있던 사람들이 거리로 쏟아져나오면서 맨해튼 중심가는 아비규환으로 변했다.

오전 9시 30분, 조지 부시 미국 대통령은 TV 연설을 통해 "미국에 대한 명백한 테러 공격"이라고 선언했으나 이를 비웃기라도 하듯이 수도인 워싱턴에 공격이 이어졌다.

오전 9시 40분경, 탄덜레스발 로스앤젤레스행 AA77기가 국방부 헬기장에 충돌하여 건물이 무너져내렸다. 정부는 즉각

전국에 비상계엄령과 연방정부기관을 비롯한 공공청사에 전면 소개령을 내렸다. 연방항공국은 미국 전역에 항공기 이륙을 금하고 국제항공 편은 캐나다에 착륙하도록 지시했다.

9시 50분경에 세계무역센터 남쪽 건물이 무너져내렸으며 이어서 10시 30분경에는 북쪽 건물도 붕괴했다. 뉴저지 주 뉴욕발 샌프란시스코행 UA93기는 오전 10시경 피츠버그 남동쪽 130미터 지점에 추락했다. 《뉴욕타임스》는 이 비행기가 미국 대통령의 별장인 캠프 데이비드 산장을 공격하려 했던 것이라고 보도했다.

2001년 9월 11일 CNN을 통해 생중계된 세계무역센터의 참사를 보고 사람들은 경악했다. 인명 피해는 수만 명에 달했고 미국인을 비롯한 세계인들은 미국 본토가 함락당하는 듯한 심리적 충격을 느꼈다.

이런 공황상태의 배후에는 빈 라덴의 치밀한 시나리오가 있었다. 빈 라덴은 생각했을 것이다. 알카에다와 자신의 존재를 세상에 드러내고 미국을 응징하기 위해서 무력으로 미국 본토를 공격하는 것은 사실상 불가능에 가깝다. 큰 힘을 들이지 않고 미국을 응징할 방법은 무엇인가?

빈 라덴이 생각한 방법은 퍼포먼스(performance)의 연출이었다. 빈 라덴은 공격을 성공시키기 위해 치밀하게 시나리오를 짜고 수십 번, 수백 번에 걸쳐 연습했다. 잘 짜인 대본에 피나는 연습으로 이루어진 공연이 방송을 통해 전 세계에 퍼졌을 때 세계인들은 엄청난 반향을 보였다. 그것이 슬픔이든 경악이든 기쁨이든 간에 어떤 예술이 이 만큼의 효과를 낼 수 있을까? 빈 라덴은 스토리텔링의 효과를 철저히 활용한 것이다.

그런데 왜 우리는 '원수를 사랑하라'는 추상적인 말은 한 귀로 흘려들으면서도, 자신의 인생을 파괴시켰던 자벨 경감을 용서한 장 발장의 이야기를 들으며 눈시울을 적실까?

미학자들은 이 부분을 개별성·보편성·특수성의 개념으로 설명한다. 자신의 일상을 세세히 기록했다고 해서 우리의 일기가 베스트셀러가 되지는 않는다. 그러나 안네 프랑크가 쓴 《안네의 일기》는 많은 사람들의 심금을 울리며 세계적인 베스트셀러가 되었다. 한 소녀의 천진한 생각과 눈이 나치의 잔인함과 대비되어 끔찍한 억압 속에서도 인간의 숭고함을 잃지 않는 인물로 보편화되어 있기 때문이다. 즉 안네 프랑크는 특정한 용모와 직업, 가정형편을 지닌 개별자이지만 자유를 갈구하며 억압의 부당함을 고발한 보편자로서의 존재가 내포되어 있기 때문에 세인은 그녀의 이야기에 감동을 받는다.

이 방식은 역사나 과학과 문학, 예술을 가르는 중요한 요소이다. 역사는 사실을 기록하고, 철학은 개별적인 것에 내포된 보편적인 법칙을 추상적으로 제시한다. 그것은 일종의 논리로써 사람들을 이해시키고 그들에게 지식을 주는 한편 삶의 구체성 속에 있는 진실은 사람들을 감동시킨다.

빈 라덴은 추상적인 어조로 미국의 파괴력과 오만함, 폭력을 비난하지 않았다. 그리고 실제로 군사를 일으켜 미국으로 쳐들어가지도 않았다. 다만 몇몇의 암살자를 동원하여 미국을 대변하는 상징물을 향해 전쟁을 벌였을 뿐이다. 첫 번째는 미국의 막대한 부를 상징하는 경제(세계무역센터의 북쪽과 남쪽 건물), 두 번째는 미국의 군사력(국방부 건물), 그리고 마지막으로 미국인들(미국 대통령의 별장)을 차례로 파괴하는 빈 라덴 대본, 감독의 이 퍼포먼스는 전 세계를 경악과 분노, 비탄의 도가니로 몰아넣었다.

어떤 스토리텔링이 이리도 강력할 수 있겠는가? 어떤 영화가 이리도 영화스러울 수 있겠는가? 빈 라덴의 퍼포먼스를 지켜보던 사람들은 "이게 영화냐, 현실이냐" 하면서 되물었다. 이 때문에 훨씬 약한 줄거리를 지녔지만 세계무역센터를 공격하는 테러리스트의 비슷한 이야기가 있는 〈스파이더 맨〉과 대형 몰 폭파장면이 있는 〈무고한 희생자〉의 개봉이 미뤄졌다고 한다. 9·11 참사를 연상한다는 비난이 두려워서라고 했다. 그러나 개봉한들 빈 라덴의 강력한 스토리텔링을 보아버린 국민들이 그 영화에 흥미를 느낄 수 있었을까?

**미디어가 만들어낸 허구 : 황우석 교수와 미디어 스토리텔링**

구체적인 인물을 즐겨 언급한 황우석 교수의 프레젠테이션은 매우 훌륭했다. 〈슈퍼맨〉으로 유명한 크리스토퍼 리브는 승마 도중 말에서 떨어져 척수장애인이 되었다. 하늘을 날며 힘이 천하제일인 미국 영웅이 하반신을 쓰지 못한다는 사실은 사람들에게 극적인 효과를 준다. 황우석 교수와 크리스토퍼 리브의 사이는 각별했다. 리브는 황 교수의 연구를 지원하는 발언을 자주 했고, 황 교수가 하루빨리 줄기세포 개발에 성공하기를 바란다는 유언을 남겼을 정도이다.

교통사고로 척수장애인이 된 한인 출신 미국 검사 또한 황우석 교수의 연구에 깊은 관심을 가졌다. 그가 남다른 노력으로 미국의 지도층이 되었으며 장애에도 불구하고 의지가 꺾이지 않았다는 사실은 온 국민을 감동시키기에 충분했다. 관객들은 구체적인 인물을 통해 장애인을 고칠 수 있는 일이 얼마나 필요하며 인류애에 부합하는 일인가를 생생하게 체험한다. 황 교수가 김대중 전 대통령에게 전화를 걸어 고문 등으로 불편한 다리를 고쳐주겠다고 제안한 것도 같은 맥락에서이다.

요즘 사람들을 감동시키는 데 '줄기세포가 척수장애를 치료할 수 있다' 정도의 추상적인 구호는 어울리지 않는다는 것을 알고 있는 듯, 이들의 상징성을 적절하게 활용한 황우석 교수의 프레젠테이션은 감동적이었다. 휠체어에 앉아 있던 검사가 일어나 걸어오는 장면이 영상으로 잡히자 발표를 본 사람들은 감동했다.

여기서 크리스토퍼 리브나 한인 검사는 실재하는 개별적 인물이면서 전체 척수장애인을 대표하는 특수자로서 존재한다. 구체적인 인물이면서 세계인의 뇌리에 세상을 이롭게 만든 사람으로 이미 각인된 존재들이므로 그들의 불행은 극대화된다. 이는 고전소설에서 착하고 고결하며 아름다운데다 재주 있는 인물에게 형언할 수 없는 시련을 주는 방식과 흡사하다.

그의 스토리텔링은 대중 매체를 통하여 전국으로 확산된다. 신문과 TV 등 대중 매체는 그의 업적이 얼마나 획기적인지 세세히 설명했고, 특집 프로를 통해 고난극복의 과정을 감동적으로 그렸다.

심지어 그의 일생이 드라마로 각색되기도 했다. 그리고 그의 캐릭터를 중심으로 온갖 일화들은 재조합되어 수많은 이본이 있는 '영웅 신화'를 만들었다. 이 신화의 스토리텔링에는 많은 방송을 통해 상영된 이전 신화들이 차용되었다. 어리석은 국왕과 간신들, 불확실성과 죽음에 대한 두려움을 극복하고 '불멸의 영웅'으로 선 이순신, 핵무기 개발로 대한민국의 자주국방을 이루려 하였으나 살해당한 실패한 영웅 이휘소에 이르기까지 한 과학자의 연구에 온갖 신화들이 겹쳐지고 덧붙여지면서 국민들을 열광시켰다.

황우석 교수의 연구 업적이 국민이 인식했던 내용과 거리가 있다고 하자. 그러나 만약 그의 성공담까지만 드라마로 만들었을 때는 시청률 99%의 국민 드라마가 되었을 것이다. 그동안 우리 시청자들은 행복했지 않은가? 과학강국 민족주의의 꿈이 지속되던 그 공간은 꿈의 나라였다. 그리고 그 꿈을 만들어주었던 가장 핵심적인 요소는 미디어였다. 미디어의 스토리텔링은 전 국토를 꿈의 공간으로 만들었던 것이다.

## 이야기로 전해지는 신의 말씀 : 성경이야기

우리는 흔히 성경이야기, 불경이야기란 말을 쓴다. 기독교나 불교 같은 종교의 교리를 쓴 책이 왜 이야기로 불릴까? 그것은 성경이나 불경이 그야말로 이야기로 되어 있기 때문이다. 성현들의 일화는 신비롭고 재미있다. 그들이 민중을 선도하기 위해 행했던 설교들은 많은 부분이 우화나 예화로 되어 있다. 민중들은 구체적이고 재미있는 사건들을 통하여 그 속에 담겨 있는 진리를 쉽게 깨우칠 수 있었다.

요한복음에 나오는 오병이어(五餠二魚)의 이야기를 생각해 보자. 예수는 떡 다섯 개와 물고기 두 마리로 수많은 사람들을 배불리 먹였다. 이 기적을 본 사람들은 그가 메시아라고 수군거렸으나 예수는 실재 양식이 아니라 마음의 양식, 영혼의 구원이 중요하다고 역설한다. 이 이야기가 부귀영화 같은 물질적인 것이 아니라 영혼의 구원이 중요하다는 추상적인 논리로 나열되어 있다면 그렇게 큰 감동을 주지 못할 것이다.

예수는 먼저 기적의 스토리텔링을 사람들 앞에서 공연했다. 떡 다섯 개와 물고기 두 마리라는 상징을 선택하여 사람들을 배불리 먹이는 시나리오를 만들고 이를 실행한다. 그리고 그 기적 때문에 몰려든 청중들은 예수로부터 마음의 떡이 중요하다는 설교를 듣는다. 구체적인 생선과 떡으로 사람들을 감동시킨 이 극적인 스토리 전개를 통해 청중은 더욱 큰 깨달음을 얻을 수 있다.

## 이야기는 약한 자의 무기 : 노예 이솝의 이야기

이솝에 관한 서술로는 기원전 5세기 후반에 헤로도토스가 쓴 《역사》에서 언급된 것이 유일하다. 이솝의 본명은 그리스어로 아이소포스인데 기원전 6세기 중엽에 살았고 사모스 섬과 연관이 있다는 것, 이아드몬이라는 사모스 시민의 노예라고 믿을 만한 이유가 있다는 것, 아폴론의 신탁으로 유명한 델포이 사람들 손에 죽었다는 것 정도가 헤로도토스의 서술 요지이다. 게다가 그는 혐오감이 들 정도의 추남이었다고 한다.

물론 이솝의 이야기는 훗날 세월이 흐르면서 많은 사람들에 의해 첨가되고 윤색되었다. 그러나 여러 문맥으로 보아 그가 미천한 신분이어서 권력이 없었고 우화를 통해 자기보다 강한 사람을 설득하거나 자신이 처한 위기를 모면했다는 이야기는 사실로 보인다.

'우화(寓話)'란 무엇인가? 풍자적이면서 교훈적인 의미를 담고 있는 이야기를 뜻한다. 주인공은 동물이 많으나 사람, 무생물도 무방하다. 비유적 수법을 사용하여 서술된 이야기와는 다른 진실을 비유하거나 작은 사실을 빌어 큰 사실을 비유하는데 이를 통해 이야기 속에 교훈을 새긴다.[2]

그렇다면 직설적으로 교훈을 이야기하지 왜 있지도 않은 이야기를 일부러 지어냈을까? 이는 검열을 피하기 위해서였을 것이다. 현재 일어나고 있는 일을 직접 이야기하면 탄압을 받을까 봐 빗대어 이야기하는 것이다. 그러나 더 중요한 이유는 사람을 감동시키기 위해서였다.

이솝은 동물이나 무생물을 활용하여 이야기를 만들었다. 〈해와 바람〉이란 우화를 생각해보자. 바람과 해가 지나가는 나그네의 외투 벗기기 내기로 누가 힘이 더 센가 겨루고 있었다. 힘센 바람이 세게 더 세게 외투 깃을 날릴수록 나그네는 더욱 옷깃을 여몄다. 결국 바람은 나그네의 외투를 벗기지 못했다. 반면 해가 내리쬐어 더워지자 나그네는 스스로 옷을 벗어던졌다. 무력이 아니라 온화함이 사람을 움직일 수 있다는 추상적인 메시지를 사람들은 구체적인 캐릭터가 등장하는 이 간결한

---

2 한국문학평론가협회 편(2005), 《문학비평용어사전》, 국학자료원, pp. 564~566, pp. 571~574.

이야기를 통해 배울 수 있는 것이다.

노예였던 이솝은 보잘것없는 외모와 미천한 신분 때문에 주변 사람들에게 자기 주장을 강하게 할 수 없는 처지였다. 그는 이 핸디캡을 우화로 극복했다. 좋은 이야기는 다른 사람의 마음을 움직인다. 어떤 문제에 대해 직접 부당함을 말하는 것이 아니라 다른 이야기로써 그 사안의 본질을 드러내는 것이다.

예로부터 이야기는 약한 자들이 현실에 대해 요구하는 목소리였다. 그들은 현실을 과장되게 왜곡하고 비튼다. 예를 들어 〈춘향가〉는 한 기생의 사랑 쟁취기이다. 반상의 구별이 엄정했던 조선사회에서 딸은 아버지의 신분과는 상관없이 어머니의 신분을 따르게 마련이었다. 기생의 딸로서 당연히 해야 할 기생점고를 거부한 그녀는 법에 의해 처벌받아 마땅하다.

그럼에도 광대들은 왜 이야기를 그렇게 변질시킨 것일까? 반상의 구별이 분명했던 사회에서는 당연한 기생점고이지만 광대들이 꿈꾸는 평등한 세상에서 변학도 부사는 한 여성을 능멸하고 겁탈하려 든 파렴치한이었다.

그렇다, 상상력은 그리고 소망은 현실을 왜곡시키는 것이 아니라 변모시킨다. 광대의 거짓말은 억압된 자들의 꿈을 의미한다. 그리고 그 꿈은 현실에 없는 거짓말(허구)을 통해 구현된다. 이야기는 약한 자의 의지였고 무기였다.


## 현대인을 변화시키는 이야기

우리 사회의 장애인에 대한 편견은 여전하다. 프랑스나 영국 같은 유럽에 가면 볼 수 있는 장애인 전용시설이 한국에서는 최근에야 보급되기 시작했고, 아직 일반화되지는 못하고 있다.

그런데 공동체의식을 주로 자기와 다른 사람에 대한 차별같이 부정적인 방향으로 나타내는 한국인들이 최근 갑자기 장애인에 대해 관심을 갖기 시작했다.

자폐아인 배형진 군은 철인경기를 완주하면서 세상에 알려졌다. 그의 어머니의 헌신적인 노력이 세상에 알려지고 〈말아톤〉이란 영화로 각색되면서 그의 이야기는 세인의 감동을 불러일으킨다. '초원이 다리는 백만 불짜리' 란 명대사는 자폐아의 아픔과 한계, 그리고 노력을 명료하게 드러낸 것이었다.

이때부터였다. 사람들이 장애인에 대해 관심을 갖기 시작했다. 곧 장애를 딛고 경기에서 우승한 다른 운동선수들이 신문지상을 장식했고, 장애인들의 아픔과 불편을 고려하는 여러 정책들이 입안되었다. 사람들의 인식도 달라지기 시작했다. 장애인에 대한 차별 철폐란 추상적인 문구에는 꿈쩍도 하지 않던 사람들이 〈말아톤〉의 초원이를 보고 눈물을 흘리더니 '초원이 같은 장애인' 에게 관대해진 것이다.

이처럼 구체적인 인물에 대한 관심이 그 인물이 속한 범주에 대한 관심으로 나아가는 방식은 그간 한국에서 눈에 띄게 많아졌다. '노사모' 나 '서울대 죽이기' 같은 문구를 보자. '노사모' 는 '노무현을 사랑하는 사람들의 모임'이란 뜻을 지닌 사이버 커뮤니티였다. 몇 년 전만 해도 이런 명칭은 찾아보기 힘들었다. 진보주의연합회라든가 열린우리당원모임 등과 같은 추상적인 이념을 넣거나 단체이름을 넣어 만든 모임의 명칭이 아닌 이런 경망스런 이름은 있을 수 없었다. '서울대 죽이기' 도

몇 년 전 같으면 학벌철폐운동쯤으로 명명되었을 것이다. 이처럼 구체적인 사람이나 실체 같은 개별자가 보편적인 무엇을 상징하는 방식은 아주 최근의 일이다.

최근 한국에서 인종차별 철폐를 나타내는 구호는 하인스 워드이다. 미국의 미식축구 선수가 어머니의 헌신적인 사랑에 힘입어 혼혈의 차별을 딛고 슈퍼스타의 꿈을 이룬다는 이야기는 한국인들을 부끄럽게 만든 한편 감동시켰다. '만약 이 선수가 한국에 있었다면 성공했을까' 하는 반성과 아울러 그동안 차별받았던 혼혈인들의 이야기가 신문지상을 장식하더니 한국의 경직된 민족주의에 대한 성찰로 범위가 넓어졌다.

평소 외국인 노동자의 비참한 생활상에 꿈쩍도 하지 않던 한국인들이 이제 그 백의민족주의, 단일민족주의 등의 피억압자로서의 단결된 민족주의가 얼마나 끔찍한 폭력으로 타자(他者)를 칠 수 있는가를 비로소 곰곰이 생각하기 시작했나 보다.

이처럼 구체적인 사람에게 혹은 구체적인 사건에서 감동하고 그 감동을 개별자가 속한 추상적 범주에 대한 성찰로 몰아가는 방식은 이야기의 특성인 '특수성 이론' 을 방불케 한다. 왜 요즘 사람들은 이렇게 먼저 이야기에 감동하고 그 다음에 비로소 이성적으로 생각하는 것일까?

바로 디지털이다. 컴퓨터 매개 의사소통(computer mediated communication)에 익숙한 사람들은 당연히 현실 속에서도 그 방식으로 관계하고 싶어 한다. 흔히 학자들은 문어체(文語體)를 사용한다. 책을 읽는 방식에 익숙하기 때문에 실생활도 그렇게 하는 것이다. 디지털 세대 또한 그런 것이다.

# 2



디지털 시대의 도래와
문화적 지각변동

# 디지털 문화환경과
# 새로운 인간형의 탄생

## 월드컵, 놀이형 인간의 기원

월드컵이 진행되는 동안 붉은악마의 함성을 들어본 사람들은 누구나 전율했다. 철부지인 줄 알았던 아이들이 그토록 질서정연하게 '대~한민국'을 외칠 수 있다는 사실에 놀랐고, 그토록 많은 사람이 광장에 집결하여 노는 문화가 한국에서도 가능하다는 사실에 놀랐다.

그러나 당시 이들을 집결시킨 힘의 근원을 알아차린 사람들은 많지 않았다. 그것은 바로 정보통신의 발달이었다. 전광판이 없었다면 그 많은 사람들이 모일 수 있었을까? 전광판 없이 시청 앞 광장에 수십만 명이 모여 "지금 한국 선수들이 싸우고 있습니다. 다 같이 응원합시다" 하면서 열광할 수 있었을까? 월드컵 기간 내내 우리는 축구경기를 볼 수 있었다. 집이나 상점에는 대형 디지털 화면이, 길거리 곳곳에는 대형 전광판이 있었다. 기차나 택시에서도 소형 액정화면으로 경기를 관람할 수 있었다. 아직 생중계가 불가능한 지하철에서 어떤 시민은 5분 간격으로 부인에게 전화를 걸어 경기상황을 확인하고 있었다.

젊은이들이 시청 앞에 모일 수 있었던 요인 중 중요한 부분은 전광판과 인터넷, 그리고 휴대전화였다. 디지털 매체가 가져다준 이 가공할 만한 위력은 온라인에서의 연결이 오프라인에서 어떻게 폭발할 수 있는가를 보여준 중요한 기점이 되었다.

그러나 단순히 모임의 과정과 정보통신이 직접적으로 연결된 것은 아니다. 월드컵은 이성과 감성, 놀이 공간과 생활공간이 모호해져버린 이 시대의 현상을 단적으로 보여주는 사건인데, 여기에 정보통신이 중요한 역할을 하는 것이다. 디지털 매체와 이 시대 이 공간에 팽배한 '놀이성'이 어우러져 6월의 대중을 창출해낸 것이다.

## 감성의 발달과 인터넷

### ▌디지털 유목민

언제부터인가 인터넷에서 '엽기'라는 단어가 중요한 화두가 되고 있다. 엽기는 원래 '기이한 일이나 사물을 즐겨서 찾아다님'의 사전적 의미를 지니고 있으나 최근에는 '황당한 일, 튀는 일, 잔혹함, 구토, 우스꽝스러움' 등의 의미가 섞인 개념으로 확대되고 있다.

이 용어는 원래 디지털카메라를 파는 인터넷 사이트인 디씨인사이드의 엽기 갤러리에 올려진 사진에서 시작되었다. 어떤 남자가 여자 동상을 안고 황홀한 표정을 짓고 있는 사진 위의 '아 헿헿'이란 감탄사는 '아무것도 아닌 것이 오히려 모든 것을 감싸 안는다'는 의미로 네티즌 사이에서 감수성의 핵심을 이루었다.

'아햏햏' 은 무엇인가 좋거나 신기한 것을 보았을 때, 어이없을 때, 무엇인가 새로운 것을 깨달았을 때 등 다양하게 적용되는 단어이다. 이 무의미한 말은 마치 선문답처럼 의미 없음에서 의미 있음을 찾는 것이다. 따라서 이 사이트에서 노는 사람은 깨달음을 얻으려는 행자와 같은 '햏' 자이다. 이들은 우연히 만들어진 단어에 새로운 의미를 붙여 사이버 커뮤니티의 통용어로 만든다. '이곳에 개똥을 �우지 마세요' 란 벽보에서 '�우다' 는 '싸게 하다', '리플 등을 달게 하다', '어떤 행동을 취하다' 등의 의미로 확장되었다.

이처럼 가벼운 농담, 황당함의 방식은 어디에나 적용될 수 있다. 무엇이나 부정할 수 있는 '무정형' 의 특성 때문에 사이버 공간을 가볍게 흘러 다니다가 어느 순간 걷잡을 수 없는 힘으로 분출하게 된다.

미셸 마페졸리(M. Maffesoli)는 현 사회가 사회적으로 선언된 것이 상실된, 즉 거대담론이 상실되는 시대이면서도 어느 순간 명백히 대중적인 결집력을 드러내는 데 대해 신부족주의(Neo-Tribalism)란 개념을 사용하여 설명했다. 부족들은 자신들의 소수 가치에 기초하여 응집된 집단을 만든다. 예술축제, 축구장 관중석, 극장 객석 등과 같이 이들은 강한 집합적 정서에 의해 응집했다가 곧 흩어진다. 이들은 고착된 가치관이나 이해관계 없이 순수한 감성으로 구경거리에 집중하기 때문에 그 힘은 무한하며 매력적인 것이다.[1]

---

1 크리스 로젝(2002), 《포스트모더니즘과 여가》, 일신사, pp. 278~280.

## ▌스토리텔링의 현실화, 현실의 스토리텔링화

디지털 매체는 현실의 나쁜 속성을 더욱 증폭시키는 역할을 하기도 한다. 경남 밀양에서 수십 명의 고등학생들이 다섯 명의 여중고생을 1년 동안이나 집단 성폭행한 사건이 벌어졌다. 이 끔찍한 일은 한국의 비뚤어진 남성중심의 성문화가 디지털 매체의 발달로 변화한 사회환경에서 증폭되어 빚어진 결과이다.

우선 고교생들은 성폭행 장면을 동영상으로 찍어 피해자들을 협박했다. 이 행동은 그들의 성폭행이 인터넷상의 동영상물을 흉내낸 것이라는 점을 역설적으로 시사한다. 최근 청소년들의 성범죄가 음란물에서 촉발된다는 조사가 있다. 포르노는 여성들이 강간당하길 원하고 여성들의 자발적 쾌락이 일고의 가치도 없다는 것을 소비자에게 지속적으로 보여줌으로써 강간욕구를 증대시킬 수 있다.

여기에서 요구되는 남성상은 힘들이지 않고 정복하는 모습이며 여성상은 젊고 아름다우며 남성의 힘과 진취성에 감탄하는 순종적인 모습이다. 포르노의 성애(性愛)는 폭력과 쉽게 연결됨으로써 인간의 무의식을 자극하며 충족시킨다.

그런데 이 통제되지 않은 인간 수성(獸性)의 본능은 인터넷 공간에서 더한 위력을 발휘한다. 우리의 감각기관들이 컴퓨터 출력장치와 쉽게 상호작용하는 상황에서 우리의 육체적 본능은 훨씬 쉽게 작동한다. 매체의 특수성 때문에 사람들은 몸의 제약에서 벗어나 해방감을 느끼면서 해야 될 일과 하지 말아야 할 일의 경계선을 잊어버리고는 한다. 인터넷상의 포르노물(物)은 이 경계의식에서 기생하여 꽃을 피우는 오락거리이다.

더구나 아직 미성숙한 청소년들은 이 매체환경을 통해 폭력과 성애가 버무려진 포르노물에 쉽사리 중독된다. 그들은 컴퓨터 게임에 빠진 오타쿠처럼 가상세계의 폭력을 현실에 적용하고자 하는 욕구를 느끼게 되는 것이다. 그들은 가상세계에서 본 성폭력을 현실에 적용시키고, 현실에서는 자신의 행위를 동영상으로 만들어 다시 가상화한다. 가상과 현실은 서로 넘나들면서 그 끔찍한 폭력을 증폭시키고 다시 아무렇지도 않은 것처럼 만들어버린다. 이 심리구조는 '왕따' 동영상에서 이미 드러난 바 있다.

무의식에만 활동하던 기억의 스토리텔링은 매체의 눈부신 발달로 손쉽게 기록되었다. 사람들은 저마다 블로그를 만들어 디지털카메라로 찍은 자신의 사생활을 기록하는데, 그 기록은 기억을 지배한다. 우리들의 사생활은 손쉽게 노출되며 공개된다. 이런 사적 메시지들은 언제 어디서 공개될지 아무도 알 수 없다.

그런데 이 와중에도 한국인의 성에 대한 이중적 잣대가 적나라하게 드러나면서 피해자의 이중적 피해를 불러왔다. 어떤 인터넷 매체는 부주의하게 피해자들의 신원을 밝혔고 피해자들은 주위의 손가락질과 비웃음을 받으며 성폭행보다 더 큰 정신적 고통에 시달렸다. 여성의 순결이 강조되며 남성을 다른 잣대로 판단하는 기존의 도덕관념은 발달된 매체로 인해 그 모순을 흉물스럽게 드러내었다. 이 모순은 연인들의 합법적인 (!?) 성관계였음에도 여성에게만 몰매가 내려진 'ㅇ양 비디오 사건'에서 확인할 수 있다.

그렇다면 디지털 매체는 기존의 왜곡된 성문화의 모순을 더욱 가중시키는 수단만 될 뿐일까? 성폭행에 대한 네티즌들의 분노가 폭발하고 있다. 그들은 몇몇 사이트에 아예 토론방까지 마련해놓고 가해자와 무신경한 경찰, 무책임한 언론을 연일 성토하고 있다. 물론 엉뚱한 사람의 사진을 가해자라고 올려놓거나 가해자의 부모까지 인신공격하는 부작용도 만만치 않다. 그러나 궁극적으로 이 인터넷상의 여론재판은 익명성을 활용하여 그간 왜곡된 남성중심의 성문화를 담론의 장으로 끌어내어 공론화한다는 순기능이 있다. 그후 광화문에서 이루어진 오프라인 시위는 인터넷의 긍정적인 가능성을 보여주는 것이었다.

## 기술의 발달과 감성의 증대

### ▌노동에서 해방된 근육들의 놀이

19세기까지 인간이 쓰는 에너지의 99%는 노동에서 나왔다. 사람들은 곡괭이 같은 원시적인 연장을 사용하여 땅을 팠으며 기껏해야 소나 말을 사용하여 밭을 갈고 물건을 운반했다. 비교적 복잡한 기계였던 물레방아도 사람이 작동시켜서 에너지를 공급하는 기계였다. 그러나 증기기관이 발명되고 산업혁명이 일어나면서 생활방식에 근본적인 변화가 일어나게 되었다. 오늘날에는 기계가 인간이 하는 노동의 99%를 대신한다.

그리하여 현대인들은 주로 즐거움을 위해서 근력을 사용하게 되었다. 사람들은 육체의 피로를 느끼기 위해 일부러 헤엄

치고 길을 따라 달린다. 자동화의 결과로 스포츠용품, 헬스용품, 운동화 시장의 경기가 좋아졌다. 여기에서 더 나아가 정보사회가 도래하면서 의사소통과 감각까지 자동화되고 있다. 전화기나 이메일이 의사소통을 대신해주고 계산기나 컴퓨터가 뇌가 하는 일을 대신해주고 있다. 근력뿐 아니라 지력도 자동화되고 있다. 페인트칠하는 로봇이 있고 다른 차와 적당히 거리를 유지하게 해주는 감지기도 있다.

수렵채취 시대에 살았던 사람들은 자신의 모든 기술을 생존을 위해 사용했다. 지력과 경험을 비롯해 눈·귀·코 등 모든 감각은 힘을 생성하기 위해 합쳐져야 했다. 현대인도 자신의 감각을 사용하고 싶어 하나 이제 그 감각이 모두 생존을 위해 동원될 필요가 없어졌다. 이제 사람들은 이 감각들을 주로 즐거움을 위해 사용할 것이다.[2] 현대 사회에서 레저 산업이 뜨는 이유도 여기에서 기인한다. 남아도는 에너지를 탕진하기 위해서라도 많이 놀고 웃고 움직여야 한다. 맑은 공기를 마시며 푸른 벌판을 걷는 골프 같은 운동이 각광을 받고 관광산업의 규모가 날로 커지는 것이다.

## 기술의 속도에 멀미를 내는 현대인의 퇴행심리

기술의 진보 등 변화의 속도는 점점 빨라지고 있어 이제 속도 조절이 이루어지지 않고 있다. 익숙한 것과 잘 모르는 것이 뒤섞여 현대인의 정신적 균형이 위험에 처해 있는 것이다. 변화

---

2 롤프 옌센(2000), 《드림 소사이어티》, 한국능률협회, pp. 62~64.

의 속도는 사람들을 불안하게 한다. 이렇게 속도를 줄여야 할 필요성 때문에 사람들은 생활의 지속성이 있었던 과거를 추억하는지도 모른다.

프로이트에 의하면 어린 시절에는 대부분의 욕망이 실현된다. 어머니의 양수 속에 있었을 때의 안락함은 물론이고, 갓난아이일 때도 배고프면 우유가 주어지고 배설하면 깨끗한 기저귀로 갈아 입혀진다. 그러나 이렇게 쉽게 욕망이 충족되면서 나타나던 쾌락적 자아는 성장하면서 점차 억압받아 현실적 자아로 조직된다.

그러나 아직도 억제되지 않고 남아 있는 쾌락원칙은 인간의 활동과 갈등을 일으킨다. 개인은 완전하고 고통 없는 욕구의 충족이 불가능하다는 사실을 깨닫고 상처를 받는다. 상처의 고통을 딛고 새로운 정신적 기능을 획득하는데, 이때부터 인간은 확실한 쾌락을 위해 순간적이고 불확실하며 파괴적인 쾌락을 포기한다.

그러나 겉으로 포기한 듯 보이지만 쾌락적 자아는 아직 무의식의 영역에 남아 있게 된다. 사람들이 현실의 억압이 커질수록 유년기를 그리워하거나 심리적 퇴행현상을 일으키는 것도 이런 이유에서이다. 인류에게 유년기는 모든 욕구가 충족되던 완벽한 공간이다. 복잡한 현대사회에서 유년기의 추억들이 큰 인기를 끄는 것도 바로 이런 이유 때문이다.

아직 세상이 복잡하게 얽히고설키기 전인, 모든 욕구가 충족되던 과거로부터 나온 상품들이 향수나 낭만주의를 이용해 판매되는 현상이 그것이다. 사람들은 현실의 섬뜩하리만큼 빠른, 그리하여 더욱 불확실해진 발전의 속도에 공포를 느끼며 불확실한 미래를 논리적으로 파악하기를 포기한 채 감각적인 꿈으로 파악하게 되었다.

　　몇 년 전 영화 〈친구〉가 흥행에 성공했다. '노스탤지어 느와르'란 자체의 선전은 이 영화가 아예 기획단계에서부터 감성과 향수를 주요전략으로 삼았다는 사실을 말해준다. 홍콩 느와르의 폭력성과 감상성은 주윤발 등을 통해 한국인의 정서에 파고든 지 오래다. 여기에 교복 세대의 향수가 가미되었다. 교복 자유화 이전의 세대들은 엄격한 규율 속에서 누구나 한번쯤은 일탈을 꿈꾸었다. 고등학교 시절 폭력에 대한 동경이 이미 제도권 속에 안주한 중년층 남성들에게 애틋한 향수를 불러일으킨 것이다.

## 영상 세대의 감성발달

### ▌의사소통의 변모와 시대의 변화

요즈음 아이들은 영상 세대라서 감성적이고 직관적이며 분별력이 없다는 이야기를 자주 한다. 이런 구분은 뇌의 구조를 조사해보면 타당한 것으로 나타난다. 대뇌는 우반구와 좌반구로 나뉘어져 있다. 우뇌는 시각중추가 연결되어 있어서 시각적 판별 작용을 주로 한다. 따라서 실제 사물의 객관적 해석에 대한 형태적 분별력과 관련된 해독이 이곳에서 이루어진다. 그러므로 우뇌의 인식은 시각적·본능적·즉각적·감성적·직관적·총체적으로 열정과 연결되어 있는 더운 의사소통(hot

communication)과 관련된다. 반면 좌뇌는 시각적 정보처리의
비형태적인 부분을 판별한다. 예를 들면 문자의 해독이 여기
에 해당한다. 느린 속도로 정보를 처리하는 단점은 있으나 이
성적·분석적·논리적·개념적·추상적인 영역을 담당하여 차
가운 의사소통(cold communication)과 관련되어 있다. 결과적
으로 영상 문화가 발달한다는 것은 우뇌의 해석 작용에 무게중
심이 가는 쪽으로 변화됨을 의미한다. 문자 세대가 좌뇌적 문
화라고 한다면 영상 세대는 우뇌적 문화라고 할 수 있을 것이
다. 영상 세대가 이성이 아니라 감성이 발달했다는 견해는 여
기에서 온다.[3]

문자와 영상의 차이는 다양하다.

첫째, 문자인식은 일반적으로 좌측에서 우측으로 해독하는
강제성이 있으나 영상인식은 제한 없이 자의적으로 선택하여
해독할 수 있다.

둘째, 문자의 경우 순서를 따라 정리된 정보를 축적해가면서
독해가 이루어지나 영상은 1/30초라는 짧은 시간 동안 전체적
인 의미 파악이 가능하다.

셋째, 문자언어는 크기나 형태의 변화도가 낮고 색채언어의
사용도 단순하다. 그러나 영상은 크기나 형태의 변화 가능성
이 무궁무진하며 색채는 1만여 가지에 이른다. 때문에 문자는
이해하기 위해 작은 편차도 식별하는 고도의 집중력이 필요하

---

3 정근원(1993), 《세계의 문학 '여름호' : 영상 세대의 출현과 인식론의 혁명》, 민음사, pp.
  384~394에 영상 세대의 특성이 명쾌하게 요약되어 있다. 이 장에서는 정근원의 논문을 많이
  참고하였음을 밝힌다. 그 외에 김영민(1998), 《영상 매체와 사람의 무늬》, 현대문학.

| 문자 세대 | 영상 세대 |
| --- | --- |
| 이성 중심 | 감성 중심 |
| 옳고 그름으로 판단 | 좋고 싫음의 선호로 판단 |
| 논리적 심사숙고 | 감각적 판단에 따른 행동 |
| 미래의 득실이 기준 | 당장의 호오(好惡)가 기준 |
| 동질지향 가치관 | 이질지향 가치관 |
| '나도 남들처럼 살고 싶다' | '남들과 다르게 살고 싶다' |
| 자기 절제 | 자기 표현 |
| 남이 창조한 가치에 동의 | 스스로 가치 창조 |
| 남을 의식 | 자기 자신에게 충실하려는 자기지향적 |
| 억제된 감성 | 해방된 감성 |
| 보고 듣고 구경하던 정적문화 | 직접 참여의 즐거움을 추구하는 동적문화 |
| 소유에 대한 욕구 | 사용가치의 중시 |

지만 영상은 그렇지 않다.

넷째, 문자는 언어 코드가 다를 때 의사소통이 불가능하나 영상은 형태적 언어와 내용이 일치한다.

다섯째, 문자언어를 해독할 때는 부동의 자세가 필요하다. 영상언어의 경우 자유로운 자세로 가능하다. 결과적으로 문자 인식은 지시적이고 표현의 유연성이 없으며 고정적이라 할 수 있다.

이런 차이 때문에 문자 세대와 영상 세대는 〈표 2-1〉과 같은 차이를 가지게 된다.

영상 세대는 다매체의 영향으로 시각·청각·촉각 등 전 감각을 인식에 동원하고 있는 세대이다. 디지털 매체의 경우 마우스를 클릭하거나 자판기를 두드리는 등 일정한 행동을 취해야 화면에서 어떤 성과를 얻을 수 있다. 이렇게 신체의 모든 감각을 동원하며 직관적으로 사물을 인지하는 세대가 종래의 문자 세대와 다른 것은 자명한 이치이다.

## ▍문자가 무조건 우월한 것은 아니다

요즈음 학생들은 책을 보지 않는다. 컴퓨터 앞에서 식음을 전폐하며 게임이나 웹서핑에 열중하는 아이들이 책 앞에서는 30분을 버티지 못한다. 영상 매체의 자극성, 선정성 때문에 웬만한 자극에는 반응하지 않는다. 인류 지식의 보고인 책을 이렇게 멀리하니 깊은 지식이 쌓일 리 만무하다. 어려운 책을 독파하면서 참을성을 키우고 자기 나름대로 소화하여 차곡차곡 지식을 쌓지 못하니 자연히 생각도 얕고 편협하다. 게다가 인터넷에 떠도는 정보는 신빙성이 없으며 단편적이고 상식적인 것이 많다. 학생들은 검색창에 넣기만 하면 원하는 지식을 제공하는 인터넷에 홀려 그 정보의 참과 거짓을 분별할 힘을 잃는다.

얼핏 보면 영상과 디지털 매체의 폐해는 끝이 없을 지경이다. 그러나 문제는 그렇게 간단하지 않다. 이 문제의 근본을 살펴보기 위해서 영상과 문자를 어떤 선입견 없이 공평한 눈으로 파악할 필요가 있다.

문자는 추상적인 사유를 하는 데는 적합하지만 현실을 세세히 전달해주지는 못한다. 어떤 물건을 자세히 묘사해보라. 그 묘사문을 읽고 그림을 그리게 했을 때 똑같은 그림이 나올 수 있을까?

예를 들어 '한 아이가 공을 찬다' 란 문장이 있다고 하자. 한국사람이라면 대체로 축구 유니폼을 입은 황인종 어린이가 가죽 축구공을 차는 모습을 떠올릴 것이다. 그러나 문명의 혜택을 거의 못 받은 아프리카 원주민이라면 반나체의 흑인 아이가 맨발로 짚으로 얽어 만든 축구공을 차는 광경을 떠올릴 것이다. 사람들은 이처럼 부족한 부분을 자신의 생체험을 바탕으로 보충한다. 즉 문자는 어떤 경우에는 정보전달 능력이 매우 떨어진다.

문자로 의사전달을 할 경우 대부분 발신자와 수신자가 같은 맥락 속에 들어 있지 않다. 서로 다른 시간대에 다른 공간에서 책을 매개로 하여 작가와 독자로서 조우하기 때문에 직접 접촉할 수가 없다. 오해가 있거나 이해가 되지 않을 경우에도 피드백을 받기란 거의 불가능하다. 때문에 작가는 글을 쓸 때에 만일의 사태를 대비하여 가상의 독자를 상정해가며 어떤 오해도 없게끔 미리 조심해야 한다. 맞춤법도 조심하고 문법 등 언어의 약속을 준수해야 한다. 말할 때처럼 과감하게 주어나 목적어를 생략할 수도 없다. 때문에 글을 쓸 때는 심사숙고하면서 여러 번의 퇴고를 거쳐야 한다.

아무튼 문자는 읽고 쓰기가 까다로운 의사소통 방식인 것이다. 그럼에도 글이 근대의 가장 보편적이면서 신뢰감 있는 지식전달 방식이 된 이유는 무엇일까? 그것은 문자가 지닌 전달력과 보존력 때문이다. 인쇄술의 발달로 값싸게 책을 발간하고, 그 책에 지식을 담아 세상 사람들에게 널리 보급할 수 있었기 때문이다.

후에 영화 등 영상 매체가 발명되었으나 엄청난 장비가 필요했고 비용도 높았다. 따라서 영상은 부가가치를 얻을 수 있는 영역인 오락이나 대중문화 분야에 주로 사용될 수밖에 없었다. 영상의 감각적 측면은 이런 상황으로 더욱 고착되었다.

그러나 디지털 정보통신의 발달로 저렴한 가격으로 손쉽게 영상물을 만들 수 있게 되었다. 이제 대부분의 사람들은 파워포인트를 사용하고 비디오나 디지털카메라로 자료를 찍어 인터넷에 올리거나 강의시간에 활용한다. 인터넷 전용선이나 무선통신을 통해 세계 어느 곳으로든 시청각 정보를 담아 보내게 된 마당에 굳이 글로 다시 쓸 필요가 있겠는가? 예를 들면 요즘 학생들은 학회발표나 교수강의를 비디오로 찍어 다시 틀어놓고 복습한다.

어떤 경우에는 영상자료가 훨씬 효율적일 때가 있다. 요리책을 보는 것보다 요리비디오를 틀어놓고 따라 하는 것이 훨씬 쉽다. 이제 독서는 마음의 양식이니 책을 읽어 지식을 습득하자고 무조건 주장하던 시대는 지났다. 앞으로 영상물은 점차 대표적인 지식전달의 수단으로 그 영역을 넓혀나갈 것이다.

# 전자 공간과 현실 공간의 중첩현상

## 게임의 현실화, 현실의 게임화

'FIFA WorldCup 2002 Korea – Japan' 이라는 컴퓨터 게임이 있다. 2002년 한·일 월드컵을 완벽하게 재현했다는 점이 특징인 이 게임은 FIFA에서 라이선스를 받아 실제 월드컵과 똑같이 선수·유니폼·경기장 등을 재현했을 뿐 아니라 모션캡처(motion capture) 기법으로 선수들의 동작을 생동감 있게 구현해냈다. 또한 축구경기 외에 세계적인 인기 선수들의 등장, 한·일 월드컵에 대한 세계인들의 바람, 월드컵 해설을 맡은 강신우 씨와 아나운서 전용준 씨의 인터뷰가 첨가되어 있다.[4]

2002년도 월드컵에 출전하는 32개국의 선수 명단과 개인의 능력치 등이 2002년 2월까지의 자료를 바탕으로 입력되어 있어 2002년 월드컵이 시작되기 전에 게이머들은 시뮬레이션 게임을 통해 현실세계에서의 우승을 점치기도 했다.[5] 그리고 현실에서 자기 팀이 패배했을 경우 게임에서 상대국의 능력치를 조작하여 설욕하기도 했다.

전자의 경우, 당시 시뮬레이션 게임에서 한국의 16강 가능성

---

4  http://www.fifahero.com. ; http://www.fifakorea.com.
5  《동아일보》 2002년 4월 10일자.

이 높게 나왔고 심지어 8강 가능성이 점쳐지기도 했다. 이 경우 일종의 자기암시 때문에 선수들의 사기가 높아져서 현실에서 실제 경기에 영향을 미친다. 후자의 경우, 현실세계에서의 불만이 그대로 가상세계로 전이된다. 이 예는 게임이 현실과 밀접한 관련을 가지고 있음을 단적으로 보여준다. 게임의 몰입성은 이미 알게 모르게 우리 삶에 영향을 미치고 있어 이제 세계관의 수준에 이른 느낌이다.

## 현대사회의 시뮬라크르 현상

시뮬라크르(simulacre)란 실제로는 존재하지 않는 대상을 존재하는 것처럼 만들어놓은 인공물을 지칭한다. 시뮬라크르는 흉내, 모방과 혼동되기도 하는데 이것은 실수이다. 흉내를 내기 위해서는 반드시 흉내를 낼 원래 대상이 있어야 한다. 그러나 이런 베끼기는 제1열, 혹은 제2열에 속하는 시뮬라크르인 전통적인 재현체계 속의 이미지이다.

시뮬라크르는 흉내낼 대상이 없는 이미지이며 이 원본 없는 이미지는 그 자체로서 현실을 대체하고 현실은 이 이미지의 지배를 받게 된다.[6] 관람객들은 박물관이나 민속촌의 모형들을 보고 옛날 사람들이 살았던 곳이라고 생각하지만, 실제로는 민속촌이라는 시뮬라크르가 관람객들에게 이미 그때 그곳을 상기시킨다.

보드리야르(J. Baudrillard)는 이 개념을 놀라우리만치 빠르고

---

6 장 보드리야르(1992), 《시뮬라시옹》, 민음사, pp. 9~10.

정확하게 파악했지만 그 의미를 직시하지는 못했다. 가짜가 현실을 지배하는 사회라면 그 사회가 현실인 것이다. 모든 사람이 믿는 거짓은 진실이다.[7]

　이 시뮬라크르의 개념은 가상의 세계와 놀이의 세계, 그리고 일의 세계의 경계가 모호해지는 현대사회의 단면을 단적으로 보여주는데, 이는 디지털 매체의 등장이 만들어낸 중요한 사회문화적 현상이다. 인터넷 전용선이 깔려 많은 사람들이 가상 세계에 접속함은 물론이고, 이제 유비쿼터스 컴퓨팅(ubiquitous computing) 기술에 의해 가상성은 세상 모든 곳으로 퍼지게 되었다.

## 유비쿼터스의 세계 - 언제, 어디서나

무선 플랫폼의 대표적인 형태인 한국의 이동전화 가입자 수는 이미 2000년 10월 말에 2,647만 명으로 이미 유선전화 가입자 수 2,185만 명을 넘어섰고[8] 이제 온 국민의 통신수단이 되었다. 특히 이동전화는 단순히 송신자와 수신자 간의 대화수단에 그치고 있지 않다. 음성, 텍스트, 그래픽, 데이터, 심지어 동화상까지 전송, 배포할 수 있는 매스미디어와 유사한 다목적 커뮤니케이션의 수단이다.[9]

　그런데 이 의사소통 수단으로 시작된 무선통신의 콘텐츠도 노래방 이용, 음악 다운받기 등 오락적 요소를 지닌 것들이 훨

---

7 최혜실(2001), 《디지털 시대의 문화 읽기》, 소명, pp. 186~187.
8 배진한(2001), 〈이동전화의 충족과 대인커뮤니케이션 매체로서의 이동전화의 적합성 인식〉, 《한국언론학보》 제45호, pp. 161.
9 앞의 글, pp. 163.

씬 많은 양을 차지하고 있다. 통신의 경우도 업무보다는 친지들과 같이 이야기하고 노는 데 중점이 두어져 있다.

이제 가상공간은 무선통신에 의해 단순히 컴퓨터 앞이 아니라 우리가 사는 공간 전체가 되어버렸다. 우리가 사는 세상 전체가 모든 사람이 공유하는 공공의 장이 되었으며[10], 그 공공의 장이 주로 놀이의 장으로 사용되고 있다.

## 유비쿼터스 컴퓨팅의 정의와 특성

유비쿼터스는 언제 어디서나 네트워크에 접속할 수 있는, 즉 우리의 모든 일상이 네트워크로 연결되어 있는 상태를 의미한다. 일반적으로는 물이나 공기처럼 도처에 있는 자연자원이나 신이 언제 어디서나 시공을 초월하여 존재한다는 것을 상징하며 정보통신 분야에서는 이것을 유비쿼터스 컴퓨팅이나 유비쿼터스 네트워크처럼 유비쿼터스화되고 있는 새로운 IT 환경, 또는 IT 패러다임으로 받아들이고 있다.

유비쿼터스 통신, 또는 유비쿼터스 컴퓨팅이란 쉽게 말해서 컵이나 자동차, 안경, 신발과 같은 일상적인 사물에 각각의 역할에 부합되는 컴퓨터를 집어넣어 사물끼리도 서로 의사소통하도록 해주는 것이다.[11]

몇 년 전, 베네통에서는 모든 옷에 무선 RFID(Radio Frequency ID Chips)를 부착하려는 계획을 발표한 적이 있었다. 그렇

---

10  Derrick de Kerckhov, "Extension and Implosion", 아트센터 나비 워크숍, 이대 국제교육관 컨벤션 홀, 2002년 9월 4일.
11  리처드 헌터(2002), 《유비쿼터스》, 21세기북스, p. 1.

게 되면 전 세계 베네통의 옷을 추적할 수 있고 재고 문제뿐 아니라 옷 도난 문제까지 해결할 수 있다. 그러나 이런 위치 정보를 조금만 활용하면 전 국가가 감시체제로 돌입할 수 있게 된다. 이 무시무시한 현실은 영화 〈마이너리티 리포트〉에 실감나게 표현되어 있다. 주인공 톰 크루즈가 홍채인식 시스템에 스캐닝하고 건물에 들어서자 그의 이름과 정보가 광고판에 뜬다. 세계가 자신에 대해 모두 알고 감시하는 이 디스토피아(dystopia)는 세계의 모든 사물이 서로 소통하며 인간을 보살피는 유토피아의 동전의 양면인 것이다.

최근에 자살하려는 사람의 위치추적을 해주지 않아 결국 죽게 만들었다는 기사가 실린 적이 있다. 유족들에게는 안타까운 일이지만 만약 누구나 손쉽게 위치추적을 하게 해준다면 개인의 프라이버시는 남아나지 않을 것이다. 유괴범이 유괴할 인물의 위치를 손쉽게 파악할 수 있음은 물론이고, 자기 남편이나 부인이 어디서 무엇을 하고 있나 의심하는 사람들의 요청이 쇄도할 것이다.

## 증강현실(augmented reality), 혹은 혼합현실

값싼 마이크로프로세서가 가구, 건물 등 우리 주변에 침투하면서 이제껏 볼 수 없었던 새로운 인간관계, 사물과의 관계가 형성되었다. 지금까지 컴퓨팅 기술은 물리적인 세계를 가상의 모형으로 대체하였으나 이제 21세기 가상현실은 물리적인 세계에 가상현실을 첨가했다. 인공적인 세상과 자연적인 세상을 연결시키는 이 작업은 다음과 같은 연구로 범주화된다.

첫째, 장소에 대한 정보.

둘째, 스마트 룸(smart room) : 거주자들을 감지하고 그들에게 반응하는 환경.

셋째, 디지털 도시 : 정보 능력을 갖춘 도시.

넷째, 지각하는 물체 : 정보와 통신이 추가된 물체.

다섯째, 형체를 갖고 있는 비트 : 물체를 조종함으로써 가상 세계를 조종하는 것.

여섯째, 착용식 컴퓨터 : 옷처럼 착용하면서 감지하고 연산하고 소통하는 장치.

새롭고 이상한 현상들이 가능해졌다. 셔츠의 상표에는 어떤 비행기, 트럭, 선박으로 운반했는지, 어떠한 소재로 만들었는지, 셔츠가 생산된 공장에 있는 웹카메라의 URL은 무엇인지 등의 정보가 수록되어 있다. 무선, 적외선 및 그 밖에 보이지 않는 신호기술 덕분에 칩이 방 안 어딘가 있거나 지구 반대편에 있는 다른 사람들과 정보를 전송할 수 있게 된다.[12]

## ▌인간과 기계의 소통 : IBM의 자연 상호작용

컴퓨터와 상호작용하는 방법은 마우스를 움직이거나 키보드를 두드리는 것이다. 그러나 우리가 사람들과 상호작용할 때는 말을 하거나 쳐다보거나 몸을 움직인다. 이런 자연스러운 상호작용(natural interactivity)을 인간과 컴퓨터에 적용할 수는 없을까? 컴퓨터가 특정한 명령어 없이, 그리고 유선 없이 인간

---

12 하워드 라인골드(2003), 《참여군중》, 황금가지, pp. 176~179.

의 자연스러운 동작과 언어를 이해하고 그것에 반응하게 하려는 생각이 최근 구체적인 기술로 개발, 구현되었다.

IBM 사의 프로젝트 데모를 보면 개발 담당자 마크 루센트(Mark Lucente)가 화면에 나타나는 지구본을 손으로 가리키면서 "이쪽에 놓아라" 하고 명령하면 지구본은 그 위치로 이동한다. 명령에 따라 커지기도 하고 작아지기도 한다.

이런 기술이 좀더 발전하면 우리 주위의 사물들이 인간의 자연스러운 행동에 따라 반응하며 상호작용할 수 있게 된다. 마치 마법에 걸린 사물처럼 사람의 말을 알아듣고 행동하는 것이다. 이 꿈의 공간(dream space)이 우리 눈앞에 펼쳐질 날도 멀지 않았다.

# 중첩현상으로서 '놀이성'의 중대

## 현대사회와 오락의 경제학

미국의 라스베이거스가 중국의 경이로운 경제 성장률을 능가했다는 놀라운 보고가 있다. 자동차도 철강도 금융서비스도 아닌 엔터테인먼트가 새로운 경제의 견인차로 자리 잡고 있다는 증거이다. 영화, TV, 대중음악, 스포츠 관람, 놀이공원, 라디오, 카지노, 잡지, 신문, 책, 어린이용이나 성인용 장난감 등의 분야에서 엔터테인먼트는 이제 소비자 경제의 중요한 기준이 되었다.[13]

메가플렉스는 엔터테인먼트 경제가 공간에 어떤 방식으로 확산되는지 보여주는 좋은 예이다. 거대한 쇼핑몰과 놀이공원, 은행 등이 한 지역에서 도심을 형성하며 구매와 소비행위에 오락성을 증대시키고 있다. 사람들은 물건을 사면서 놀이기구를 타고 즐기며, 돈을 찾고 나서 영화를 본다. 캘리포니아의 창고형 할인매장 온테리오 밀스에는 214개의 점포와 실내동물원, 아이스링크, 입체영화관이 공존해 있다.[14]

사람들은 쓸모 있는 상품보다 자신의 꿈과 감성을 만족시키

---

13  마이클 J. 울프(2000), 《오락의 경제》, 리치북스, pp. 20~21.
14  앞의 책, pp. 25~27.

는 것을 구매하려고 한다. 사람들을 매혹시키는 것은 상품의 사용가치나 교환가치가 아니라 그 상품에 스며 있는 이야기이다.[15] 사람들은 놀이 공간으로 화해버린 메가플렉스를 거닐며 그 공간 속의 캐릭터로, 주제로, 플롯으로 각자의 위치를 점하고 있는 이야기들을 구매하고 있다. 최초의 드림 소사이어티 기차는 오리엔트 특급이라는 이름으로 비엔나와 이스탄불 사이를 운행하고 있다. 이 기차는 한 장소에서 다른 장소로 이동하려고 타는 기차가 아니다. 이 기차는 옛날의 매력, 샴페인과 캐비아, 낭만이 있는 옛이야기가 붙어 있는 기차이다. 표 값도 싸지 않다. 낭만과 매력이 수송료보다 더 비싸다.[16]

그런데 이렇게 현대사회의 공간 전체가 놀이로 화해버린 이유가 고작 부와 여가시간이 늘어난 때문일까? 현실이 놀이 공간으로 변하게 된 가장 큰 이유는 영상의 폭격이 우리에게 몰입성을 증가시켰기 때문이다. 인터넷 의사소통은 이성이나 논리보다는 자기가 하고 싶은 것, 좋아하는 것을 중심으로 이루어진다. 여기에 몰입성이 강한 영상 때문에 사람들은 가상공간에서의 소통의 특성인 감성 커뮤니케이션에 익숙해지고 이를 현실에도 적용하려고 하는 욕구를 지니게 된다.

한갓 소설에 몰입했던 근대인들은 일상 공간에서 곧 정신을 차려 이성적으로 일을 처리할 수 있었고 어른이 되었을 때 꿈을 버릴 수 있었으나, 현재 영상의 폭격에 세뇌된 가상인간들은 놀이의 세계를 현실에 적용하려는 경향을 지닌다. 이 때문

---

15  롤프 옌센(2000), 《드림 소사이어티》, 한국능률협회.
16  앞의 책, p. 66.

에 이야기가 들어 있는 상품에 열광하는 것이다. 즉 자신이 일상에서 만나고 체험하고 사용하는 물건, 공간, 사람들을 가상의 이야기로 구성하고 싶은 것이다.

## 놀이 공간의 확산

### ▌놀이의 정의와 특징

호이징하(J. Huizinga)는 '놀이'를 다음과 같이 정의했다.

> 그러므로 형식이라는 각도에서 보면 놀이는 허구적인 것으로서 일상생활 밖에 있음에도 불구하고 놀이하는 자를 완전히 사로잡을 수 있는 자유로운 행위로 간단히 정의할 수 있다. 그것은 어떠한 물질적 효용도 없는 행위로서 명확하게 한정된 시간과 공간 속에서 행해지며 주어진 규칙에 따라 질서정연하게 진행되는데 기꺼이 자신을 신비로 둘러싸거나 아니면 가장을 통하여 평상시의 세계와는 무관하다는 것을 강조하는 집단관계를 생활 속에 생기게 한다.[17]

그런데 호이징하의 오류는 놀이를 현실과 분리하고 있다는 데 있다. 그는 현실과 놀이, 이성과 감성, 어른과 어린이를 분리한 후 후자가 전자를 살찌우는 자양분이라고 보고 있다. 그런데 최근의 현상을 살펴보면 후자가 전자의 영역을 넘나들고 오히려 우위를 점하고 있는 것을 발견할 수 있다. 감성이 이성을 능가하고, 어린이가 소비의 주역으로 떠오르고, 생필품산업

---

17　로제 카이와(1999), 《놀이와 인간》, 문예출판사, p. 26.

보다 놀이산업이 고도의 부가가치를 지닌다.

그 가장 큰 원인의 하나가 앞에서도 밝혔듯이 가상성의 증대에 있다. 사람들은 몰입의 정도가 심하지 않은 소설을 읽고 감동받지만 일상으로 돌아와 이성에 입각하여 살 수 있었다. 소설중독증에 걸린 나머지 풍차를 보고 이야기 속의 거인으로 착각하여 뛰어든 라만차의 돈키호테는 정신병자 취급을 받았다. 요즈음의 가상현실 중독자들은 풍차를 거인으로 만들어버린다. 우리는 현실 공간에 테마파크를 만들어 애니메이션, 영화, 게임의 놀이 공간을 구축한다. 그리고 그런 식의 놀이적 속성은 우리 삶과 우리가 쓰는 모든 생필품 속에 은밀하게 스며들어와 있다.

## ▌놀이 공간의 확산 : 월드컵과 한국 사회

2002년 한국과 일본이 공동 개최한 월드컵은 숱한 화제를 뿌리며 막을 내렸다. 우리 대표팀은 4강 진출의 신화를 이룩했으며 무엇보다도 전 세계에 우리 민족의 단합된 모습을 보였다는 점에서 한국 역사에 획을 그은 사건으로 평가된다. 그런데 이 평가의 근저에 아직까지 축구라는 놀이 자체의 분석은 없는 실정이다.

축구는 전형적인 경쟁놀이로서 내가 참여하는 이야기라 할 수 있다. 축구의 스토리텔링은 특이하다. 축구는 11명의 선수가 상대편 선수 11명과 전반, 후반이라는 정해진 시간 안에 발로 공을 차서 상대편의 골대에 넣는 경쟁놀이라 할 수 있다. 이 경우 참여하지 않는 사람의 흥미는 반감되는데 그것은 마치 컴퓨터 게임하는 모습을 팔짱 끼고 바라보는 것과 같은 이치라고 할 수 있다.

그러나 현대 축구경기에는 관람객의 참여효과를 극대화하기 위한 여러 장치가 있다. 우선 스토리텔러로서의 아나운서와 해설자를 들 수 있다. 그들은 선수의 행동을 낱낱이 이야기해 준다. 경기 초반부터 선수들이 과감하게 태클하는 모습을 언급하면서 그 의도와 효과를 분석하기도 한다. 물론 이 설명과 분석은 단조롭지 않다. 고사성어와 비유들이 등장하며 경쾌한 목소리로 해설자에게 자문을 구하기도 한다. 공을 넣었을 때는 정말 기쁜 듯 목소리를 높이고, 공을 놓쳤을 때는 정말 안타까운 듯 소리를 지르면서 축구를 보는 관람객의 입장에서 감정 이입한다. 이들은 소설 속의 화자나 판소리의 창자(唱者), 무성영화의 변사 역할을 한다.

관람객도 경기에 수동적으로 임하지 않는다. 붉은악마라는 응원단을 조직해서 붉은색 티셔츠, 페이스페인팅으로 퍼포먼스를 연출한다. 경기장 밖의 응원도 마찬가지이다. 별로 관계없는 나라까지 서로 편을 갈라 응원하고 노래 부르며 손뼉을 친다. 바흐친(M. Bakhtin)의 다성성(polyphony) 이론처럼 축구는 해설자, 선수, 관람석의 관객, 관람석 밖의 관객이라는 다중적인 등장인물들이 상호작용하면서 연출하는 하나의 이야기라 할 수 있다.

더구나 이 스토리텔링은 발달된 정보통신에 의해 전 세계로 확산된다. 시내 곳곳의 대형전광판과 세계에 방영되는 위성방송으로 일상 공간은 삽시간에 놀이 공간으로 변모한다. 수백만 명이 시청 앞 광장에 모일 수 있었던 것도 대형전광판의 힘이었다. 멀티미디어의 거대한 이미지 폭격은 전 세계를 축구의 놀이 공간으로 만들어버렸다. 베컴의 닭벼슬머리와 토티의 바람머리는 젊은이들의 머리 스타일을 선도하고 스타들이 착용하는 시계, 귀걸이, 선글라스가 유행한다. 젊은 여성들은 축구화와 운동 팬츠를 착용하고 거리를 활보한다. 일상의 전 공간이 축구장으로 화한 형국인 것이다. 미디어의 위력에 몰입된 사람들이 일상 공간에 축구라는 놀이의 법칙을 적용시킨 것이다.

## 시뮬라크르의 세계와 가상인간, 가상놀이인간

영상 시대에 사람들은 서로 접촉하여 소통하는 시간보다 비디오, TV, 컴퓨터 등 각종 영상 매체, 디지털 매체와 소통하는 시간이 더 많아졌다. 이 현상이 심해지면서 게이머, 게임 제작자 등은 컴퓨터와 성적으로 관련된 꿈을 꾸는 경우가 많아지고 있다고 한다.[18]

그것은 우리 무의식의 가장 은밀한 욕망이 꿈에 드러나는 것으로, 그만큼 디지털 매체가 인간과 밀접한 관계를 지니고 있음을 의미한다. 사람보다 기계에 친밀감을 느끼고 나아가 자신의 반려자와도 같은 기계와 손잡고 살게 될 날을 꿈꾸는 인류를 우리는 '오타쿠' 라고 한다.

호모 사피엔스는 현실세계와 대면하면서 경험을 쌓고 지식

---

18 에티엔 바랄(2002), 《오타쿠-가상세계의 아이들》, 문학과지성사, pp. 21~22.

을 늘려갔다. 반면 호모 비르투엔스(Homo Virtuens, 가상인간)에게 현실세계는 골치 아프고 반복적이며 별로 소용에 닿지 않는 공간일 뿐이다. 그들은 가상의 세계에서 우주비행사, 축구선수, 스타가 됨으로써 손쉽게 현대의 영웅들이 체험하는 온갖 재미와 영광을 누리길 원한다. 그들은 TV나 컴퓨터 게임이 제공하는 이미지에 매혹된 현대판 나르시스트이다.

오타쿠라고도 불리는 이들은 일정한 직장도 없으며 연애나 결혼, 재테크에 관심이 없을 뿐더러 그것을 알지도 못한다. 그러나 이들은 컴퓨터 게임이나 만화의 주인공, 가수에 대해 온갖 정보들을 알고 있다. 숭배하는 스타가 머리 모양을 바꾸면 그들은 앞다투어 흉내내고 스타가 실연 등으로 자살이라도 하면 고층 아파트에서 뛰어내기리도 한다. 그 스타가 언제 태어났는지, 좋아하는 음식은 무엇인지, 데뷔할 때 부른 곡명은 무엇인지 줄줄이 꿰고 있다. 그 지식이 많으면 많을수록 오타쿠 세계에서는 존경의 대상이 된다.

자신이 좋아하는 스타와 관련되는 것이면 무엇이든 모으고 만화나 게임에 나오는 인물들의 복장을 하는 축제를 열기도 한다. 스타를 주인공으로 만화를 그리고 소설을 쓰기도 한다. 대부분 아마추어이지만 간혹 걸작이 탄생하기도 한다. 오타쿠들이 설립한 기업 가이낙스(Gainax)는 〈프린세스 메이커〉나 〈에반겔리온〉 같은 빅 히트 상품을 만들었다. 역시 오타쿠가 오타쿠의 마음을 이해하는 모양이다.

어찌하여 이런 종류의 인간이 탄생하게 되었는가? 오타쿠의 종주국인 일본의 경우 극심한 사회경쟁이 주요원인이다. 일본의 입시지옥에 대한 악명이 가히 세계적이라는 것은 우리도 잘 아는 사실이다. 대학입학 경쟁이 치열한 한국에서도 상상을 초월할 만큼 일본 학생들은 유치원 때부터 꽉 짜인 교과과정에 시달려야 한다. 여기에 적응하지 못하는 젊은이들이 멀티미디어의 세계 속에 도피하여 그곳에서 산다는 것이다.

그러나 더 중요한 원인은 바로 그 멀티미디어 매체에 있다. 네트워크에서의 소통이 증가할수록 현실세계의 소통은 감소하는 경향이 있다. 사람들이 정보고속도로를 다니면 다닐수록 현실의 고속도로는 텅 비게 되는 것이다. 실제로 네트워크 게임의 경우, 게이머들은 가상세계에서는 한 치의 양보도 없이 냉혹한 경기를 펼치지만 실제세계에서는 만날 필요도 없는 사이이다. 이처럼 가상세계의 몰입이 심화되면 될수록 현실세계에 가상세계의 논리를 구축하려는 경향이 나타나게 된다. 정보통신과 매체의 탄생과 발전은 이처럼 인간의 의식을 변모시키고 나아가서는 이 세상을 살아가는 방식마저 변화시키는 것이다.

이제 오타쿠들은 단지 가상세계로 들어가 그 세계의 주인공이 되는 데서 그치지 않는다. 그들은 현실세계를 자신의 가상세계에서의 사고방식과 행동으로 만들어나간다. 예를 들어 오타쿠들은 펜진 박람회인 코미케에서 펜진 잡지 행사와 코스프레 행사를 한다.

그러나 사실 우리 모두가 조금씩 오타쿠들이다. 영상 매체, 특히 디지털 매체는 그 상호작용성, 시청각성 때문에 대단한 몰입성을 지니고 있다. 때문에 이 몰입의 정신상태는 현실세계에까지 유지된다.

　최근 게임의 중독성에 대한 연구가 활발하다. 일반적으로 중독은 몰입의 정도가 과다해 무언가에 대해 강박적으로 의존하게 되고 내성이 생겨 사용시간이 지속적으로 증가하며 이에 따라 금단증상이 나타나 사회생활을 지속할 수 없는 상태를 말한다.[19] 그러나 게임 사용자의 주요 특징을 살펴보면 자신감과 집중력의 향상, 인터넷, 외국어 실력의 향상, 게임제작 경험의 증가, 정보통신 관련 분야에 대한 흥미 증가 등 긍정적인 요소도 만만치 않은 것으로 나타나 있다.[20]

　즉 중독증은 자라나는 청소년에 대한 기성세대들의 과잉보호, 자신의 가치관에 입각한 판단의 경향도 다분히 있기 때문에 가치판단을 떠나서 다시 고찰될 필요가 있다. 예를 들어 현실감각이 없다는 것은 게임중독자들이 지금까지와는 다른 현실 대응을 한다는 뜻이다.

　그러나 실제로 우리 모두가 조금씩 중독자, 오타쿠인지도 모른다. 지하철에서 만화를 볼 때, 사람들은 역 구내에서 만화잡지를 사서 읽은 뒤 역을 나가면서 휴지통에 버린다. 그것은 일상 속에서 맛보는 한바탕의 상상세계이며 잘 짜인 제도 속에서 훔친 한 자락의 시간이고 군중 속에서 수집되는 일말의 개인주의이다. 즉 우리는 일상 내내는 아니지만 대부분 일상의 한 부분에서 오타쿠의 가상 속을 살고 있다.

　그 이유는 매체의 변화 등으로 매체를 통하여 의사소통하는

---

19　유승호 외(2001), 《게임 몰입증의 현황과 대처 방안》, (재)게임종합지원센터, pp. 10~13.
20　앞의 글, p. 68.

사람들이 그 매체에 몰입하는 정도가 과거보다 훨씬 심해졌기 때문이다. 이 성향이 일반적이 되면 될수록 점차 가상공간의 놀이적 속성을 생활공간에 적용시키려는 경향이 증대된다. 그리하여 보드리야르가 주장한 시뮬라크르의 세계가 전개되는 것이다. 그런데 가상세계의 소통 방식은 현실에 비해 현저히 놀이성을 띤다. 현대인들은 가상세계의 놀이성을 현실에서도 즐기고 싶은 욕구를 저마다 가지고 있다.

〈쥐라기 공원〉이 흥행에 성공하자 한 패스트푸드 회사에서는 공룡 캐릭터를 사은품으로 제공하여 큰 수익을 올렸다. 사람들이 영상 속의 테마파크에 반해서 영상세계를 현실에서 소비하려는 욕구를 가지게 되었기 때문이다.

가상인간은 놀이성을 띤다. 따라서 현대인들은 모두 조금씩은 가상놀이인간(Homo Virtuens Ludens)이다.

# 3

# 가상놀이인간의 탄생과 징후

# 01

# 디지털 게마인샤프트의 출현

## 고독한 군중에서 영리한 군중으로 : 플래시 몹

근대성의 한 면모는 군중의 발견에서 시작된다. 대도시 군중의 익명성, 하루 종일 돌아다녀도 아는 사람을 찾지 못하는 도시의 비정함, 그 차가움을 군중과 고독이라는 아이러니로 표현한 이 개념은 최근에 변하고 있다.

몇 년 전까지만 해도 지하철 안에서 옆 좌석에 앉은 사람은 철저한 타인이었다. 서로에 대한 지식도 없고 소통도 없이 목적지가 같다는 이유만으로 한 공간에 있는 인간들의 집단이었다. 그러나 최근에 사람들은 지하철에 앉아서 그 누군가 다른 사람과 소통을 하고 있다. 저마다 휴대전화를 꺼내서 누군가와 농담을 하거나 게임을 하며 놀고 있다. 그들의 육체는 고독한 공간에 있으나 실재 존재는 친밀한 그 누군가와 마주하고 있는 것이다.

이런 상황은 새로운 공동체의 형성을 예고하고 있다. 근대 이전의 농촌 공동체에서 마을 구성원들은 긴밀하게 연결되어 있었다. 들판을 거닐 때 만나는 사람들은 친지이거나 친척이었으며 혈연 공동체로 맺어져 있었다. 그러나 근대 도시 성립 이후 군중의 등장은 게마인샤프트(Gemeinschaft, 공동사회)를 넘어선 게젤샤프트(Gesellschaft, 이익사회)의 도래를 예고했다.

이익을 위해 형성된 거대도시 공간에서 군중은 익명성을 띤다. 그런데 무선통신은 사이버 공동체를 현실세계로 끌고 나왔다. 우리는 현실 공간에서는 고독한 군중일지 모르나 휴대전화만 들면 친구나 애인, 부모형제와 연결된다. 바로 옆의 타인을 외면한 채 멀리 어딘가에 있는 아는 사람과 관계를 맺는다.

무선성은 이렇게 사람들을 새로운 방식으로 묶고 있다. 최근 일종의 번개모임인 '플래시 몹(flash mob)' 이 국내에 상륙해 화제이다. 플래시 몹의 유행이 시작된 곳은 미국의 뉴욕이었다. 2003년 6월 맨해튼의 플래시 모버(flash mobber)들은 한밤중에 하얏트 호텔 로비에서 15초 동안 장내가 떠나갈 듯 박수를 쳤고, 그해 6월 24일 센트럴파크 자연사박물관에서는 동물의 울음소리를 흉내내기도 했다.[1] 이런 최초의 플래시 몹은 여름을 지나는 동안 샌프란시스코, 미니애폴리스 등 미국을 한 바퀴 돌아 영화 〈매트릭스 2〉를 재연했던 도쿄를 비롯해 전 세계 대도시로 퍼져나갔고 한국에서도 이 영화를 흉내내는 놀이가 등장했다.

2003년 7월 20일 서울 대학로에서 한 동호회가 매트릭스 놀이를 한 사례가 있다.[2] '매트릭스 인 코리아' 란 인터넷 카페 회원들이 장소와 시간을 정해 영화에 나오는 주인공 역할을 하며 놀이를 한 것이다. 이들은 정상적인 일상인들로 단지 특정 영화의 마니아란 점만 다를 뿐이다. 이런 이유로 플래시 몹이 아

---

1 박영신, 《오마이뉴스》 2003년 9월 2일자.
2 《조선일보》 2003년 8월 13일자.

니라는 주장도 있는데, 만약 특정 영화를 흉내내지 않고 '모르는 사람들과 만나 한 장소의 질서를 흩어버리는 것' 이 플래시 몹이라면 국내 최초의 플래시 몹은 2003년 8월 31일에 일어났다. 이날 서울 강남역에서 한 무리의 젊은이들이 행인들에게 "건강하세요" 하며 90도 각도로 허리를 숙여 인사를 하고 헤어졌다.

이렇게 시작된 플래시 몹은 계속해서 규칙적으로 행해지고 있다. 2003년 여의도에서는 '홍어 한 마리' 란 암호문에 의해 모인 젊은이들이 물고기 동상 앞에 모여서 '고기를 잡으러 바다로 갈까요' 라는 노래를 부르며 놀다가 흩어지는 이벤트를 했다.[3] 암호를 대는 사람들에게 행동강령이 부여된 것이다.

플래시 몹은 유비쿼터스 혁명이 익명의 도시에 군중들을 새로운 양태로 결집시키는 역할을 하고 있다. 인터넷과 휴대전화에 의해 전혀 모르는 사람들이 대도시의 한 장소에 동시에 모일 수 있었고 놀이로써 관계를 맺을 수 있었다. 군중들은 익명의 공간이면서 동시에 일의 공간에서 '놀이' 를 함으로써 근대 도시의 규칙을 일시적으로 교란시킨다. 사람들은 어린 시절에나 허용되었던 '놀이' 를 함으로써 어른의 공간, 일의 공간을 야유한다. 그리고 이 교란과 야유는 오락의 요소 등 새로운 삶의 방식의 신호로 작동한다.

---

3 〈플래시 몹의 즐거운 반란〉, EBS(2003) 12월 18일 목요일 방송. 필자가 자문으로 출연하여 가상놀이인간으로서 마니아 현상을 지적하고, 이들의 장난기와 붉은악마, 촛불시위, 대선이 연결되어 있음을 지적함.

## 사이버 국가 공동체 : 외계어의 등장

    a. 흑흑… 우리 착하고 좋은 친구들을 놔두고 서울로 가요.

    b. ㅎㅎ 우리 차카고 조은 친구들 놔두고 설로 가요.

    c. ㅎㅎㅎㄱㄱㄱ☆ㅠ_ㅠ 어릵탸콰킄 뎡웅 칭九들乙 나드킄 설륵 家흑 …

   a는 정상적인 문장이고 b는 통신언어로 어느 정도 뜻을 파악할 수 있다. 그러나 c로 가면 도저히 그 의미를 알 수 없을 정도로 맞춤법이 파괴되고 있음을 볼 수 있다. 세종대왕이 창제하신 한글에서 파생되었다는 유래담까지 통신공간에 있는 이 외계어는 종래 통신언어가 신속함, 편리함 때문에 연음이나 줄임말을 사용하던 것과는 딴판으로 복잡하고 느린, 불편하기조차 한 조어법을 지니고 있다. 한자, 히라가나, 러시아문자, 특수문자들을 섞어 사용하기 때문에 일반문장을 칠 때보다 두세 배는 느리다.

   최근에는 한 네티즌이 외계어 번역 사이트를 개설해 일반문장으로 번역해주고 있는 실정이다. 이 프로그램은 외계어를 일반문장으로 번역해줄 뿐 아니라 일반문장을 외계어로도 번역할 수 있다. 2002년 한글날 각 방송사에서는 외계어와 한글 파괴를 특집으로 방영하기도 했고 인터넷상에서는 논쟁거리가 되기도 했다. 포털사이트 다음(Daum)에서는 통신언어에 대한 찬반토론과 설문조사를 벌였는데, 자제가 필요하다고 대답한 네티즌이 41.1%, 적극 반대한다는 네티즌이 21.4%로 나타나 대체로 언어파괴의 심각성을 인정하고 있는 것으로 나타났다.

외계어는 특히 아직 한글을 완전히 익히지 못한 초등학생들에게 나쁜 영향을 미친다. 이 심각성을 고려하여 인터넷 사이트 '아이두넷'에서는 언어파괴를 반대하는 서명운동을 벌이고 있고 '언어파괴를 반대하는 사람들'의 경우는 온라인에서의 언어파괴를 비판하고 있다. 그러나 많은 네티즌이 자기 커뮤니티에서 자유자재로 외계어를 구사하고 있고 심지어 외계어에 대한 강한 애정을 보이고 있음을 알 수 있다.

외계어는 간편하게 사용할 수도 없으며 배우기도 힘든 언어이다. 언어의 합리성에 전혀 맞지 않는 이 외계어를 네티즌들은 왜 쓰고 있으며 무엄하게도 세종대왕의 한글에 비견하고 있는 것일까?

자국어에 대한 사랑이 강조되고 맞춤법 등이 제정된 것은 근대 이후의 일이었다는 점을 상기해보면 외계어의 시대적 의미가 드러난다. 단군 이래 수천 년의 단일민족 공동체임을 역사적 자부심으로 간직하고 있는 한국으로서는 좀 민감한 주장이겠으나, 민족이 이런 원초적 공동체가 아니라 근대 자본주의의 발전과정에서 생겨난 역사적 구성물이라는 견해가 사실 더 설득력이 있다.

민족주의가 갖는 이데올로기적 호소력은 근대 이행기에 왕조의 정통성의 상실감을 대체해줄 효율적 가치관이었고 이 가치관은 소설이나 신문이 '상상의 공동체'로서 민족적 연대감을 만들어가는 데 큰 역할을 했다는 사실이다. 이때 자국어는 소설과 신문의 형식으로서 작동한다. 자국의 언어로 의사소통하는 과정에서 같은 언어를 쓴다는 연대의식은 같은 민족이라는 동질감을 구체적으로 확인시켜준다.

이런 자국어가 민족 공동체의 연대감을 확인시켜주는 존재라면, 외계어는 사이버 공간의 연대감을 확인시켜주는 의사소통의 도구라 볼 수 있다. 물론 외계어가 자국어를 대체할 수는 없겠으나 외계어는 은어를 사용함으로써 동질감을 확보하는 동아리 차원에서 훨씬 강화된 언어개념인 것이다. 다소 극단적으로 논의를 진전시킨다면 네티즌들의 이 자국어 파괴라는 부정적인 특질 속에는 국가개념으로 사유하던 근대인들과는 달리, 다양한 연대로 지구화시대에 대처하는 최근 지구인들의 경향을 반영하는 것일 수 있다.

## 내 집에 놀러 오세요 : 미니홈피

2002년 싸이월드에서 시작된 미니홈피 서비스는 네티즌들에게 선풍적인 인기를 끌었다. 사이버 공간에 자기 자신만의 공간을 갖는다는 발상은 개인의 방이 디지털 공동체와 연결된다는 점에서 사이버 공동체의 개인주의적 속성과 공동체적 속성의 관계를 정확하게 정의하고 있다.[4]

현실세계에서 우리는 친구와 만나서 이야기하고 생일날 선물도 주고받는다. 그리고 이 관계는 다른 많은 친구들과 연결되어 있다. 마찬가지로 싸이월드에서도 개인은 친구의 미니홈피에 글을 남기기도 하고 사진도 구경하며 친분을 도모한다. 그리고 이 관계는 친구들끼리 만든 클럽과 연결되어 있다. 미

---

4 채지형(2005), 《싸이월드는 왜 떴을까?》, 제우미디어, pp. 67~70.

니홈피는 개인의 개성을 표현하려는 신세대의 욕구와 사이버
공간의 공동체의식이 잘 어우러지는 커뮤니케이션 방식인 것
이다.

# 02

# 구술성의 재등장과 가상놀이인간

## 구술성과 문자성의 상호작용, 그 역사적 과정

지금까지 학자들의 언어관은 문자언어와 구술언어가 혼재하는 상황에서 이루어졌기 때문에 사적인 과정에서의 구술성(orality) 과 문자성(literacy)에 대한 성찰이 이루어지지 않았다. 이런 점에서 월터 옹(Walter J. Ong)이 주장한 문자의 영향을 전혀 받지 않은 1차적 구술성의 논의는 의미 있다. 옹은 언어가 구술에 의존하는 것이 명백하다고 주장한다. 언어는 기본적으로 말하고 듣는 언어이며 음의 세계에 속해 있다. 현대의 말하기는 이미 쓰기의 방식에 영향을 받은 2차적 구술성에 해당한다.[5]

구술은 쓰기와 무관하게 이루어져왔지만 쓰기는 목소리로서의 말의 성격 없이는 성립이 불가능하다. 그러나 글이 발명되고 나서 구술성은 문자성에 의해 영향을 받는다. 쓰기는 말을 사물과 동일하게 생각하도록 만든다. 사람들은 텍스트나 책에 쓰인 '말'을 보는 과정에서 어느새 말의 이미지를 떠올리는 버릇이 생기게 된다. 예를 들어 '싫다'라는 단어에 대해 생각할 때 이 단어를 시각적으로 흐릿하게나마 떠올리게 된다.

---

5 월터 J. 옹(2000), 《구술 문화와 문자 문화》, 문예출판사, pp. 13~16.

텍스트가 정착되면서 종래 구술적 언행과는 다른 의사소통 상황이 나타난다. 텍스트 안에 저장된 정보들은 종래 행위나 말을 통해 전달되던 방식과 다르게 활성화된다. 입말이나 몸을 통한 기억은 메타행위가 거의 불가능했지만 텍스트에서는 뜻을 풀어 설명하고 요약할 수 있으며 그 내용은 비판과 해석의 대상이 된다. 텍스트가 랑그적 속성이라면 몸을 통한 기억은 파롤에 해당한다. 텍스트는 기능적 기억을 저장기억으로 바꾸면서, 대신 구술성이 지니는 시공간적 한계를 극복하고 잠재적으로 무한히 팽창할 수 있다.[6]

구어(口語)는 당연히 의식주체의 영역을 벗어나지 않는 기능적 기억에 의존하며 전달과 더불어 사라지는 망각으로부터 자신을 보호하기 위해 짧고 리드미컬하게 된다. 반면 문자언어는 텍스트에 뚜렷이 새겨져 있기 때문에 구두성이 가지는 시공간적 한계를 극복하고 잠재적으로 무한히 팽창될 수 있다. 또 작가와 독자가 같은 구연공간 안에 있지 않으므로 소통의 상황을 모르는 사람들이 해석할 수 있도록 표준어, 문법 등 언어의 규칙을 엄수한다. 즉 텍스트 해독행위가 음성이나 몸짓이 아닌 문법에 의해 추상적으로 이루어지므로 말보다 글이 복잡하고 길며 추상적이 되는 것이다. 따라서 해독도 청각성을 고려하지 않고 기호의 규칙에 의존한다.

물론 처음부터 사람들의 정신 속에 문자를 술술 써내려가는 재능이 있었던 것은 아니다. 우선 일차적으로는 말하고 있는

---

6 고영근·이성만·장경희(2001), 《한국 텍스트 과학의 제과제》, 역락.

실제 장면을 떠올리고 자기 자신이 낭랑하게 발음한 말을 어떠한 표현으로 아로새긴다. 예를 들어 아이들이 처음에 글을 배울 때 소리 내어 교과서를 읽으면서 해독하지만 점차 글에 익숙해지면 묵독을 하게 되는 것과 같은 이치이다.[7]

글은 말에 의존하여 발생했지만 말을 변화시키면서 또 한편으로는 자신의 독특한 텍스트적 사유방식을 발전시켰다.

## 구술성의 정신역학

옹에 의하면 문자가 발생하기 전의 구술 문화에서의 사고와 표현은 다음과 같은 특징을 지니고 있다.

첫째, 말은 종속적이라기보다 첨가적이다. 글은 '그러므로, ~했을 때, 그럼에도 불구하고'와 같이 인과관계 등을 사용하여 분석적이고 추론적으로 논의를 진행한다. 그러나 구술 문화에서 말은 '그래서, 그리고'와 같이 문장에 문장을 덧붙여나가는 첨가적 방식을 지닌다.

둘째, 분석적이라기보다 집합적이다. 단어 하나하나를 사용하는 것이 아니라 덩어리가 되는 구절들을 쓰는 경향이 있다. 예를 들어 '공주'보다는 '아름다운 공주'를, '군인'보다는 '용맹한 군인'을 쓰는 경향이 있다.

셋째, 장황하거나 다변적이다. 화자와 청자를 같은 이야기 맥락 속에 붙들어두는 것이 주요하기 때문에 장황스런 말투, 즉 직전에 말해진 것을 되풀이하여 화자와 청자 양쪽을 이야기의 본 줄거리에서 벗어나지 않도록 단단히 비끄러매어둔다.

---

7 월터 J. 옹(2000), 앞의 책, p. 45.

넷째, 보수적이거나 전통적이다. 구술언어는 여러 번 되풀이하여 유지하지 않으면 바로 사라져버리기 때문에 지식의 보존과 전달에 더 치중하게 된다.

다섯째, 인간의 생활세계에 밀착하게 된다. 쓰기가 인간으로부터 떨어져 지식을 객관화한다면 말하기는 지식을 인간의 생활세계에 밀착시키는 방식으로 개념화하고 언어화한다.

여섯째, 쓰기는 추상을 기르는데, 추상은 사람들이 서로 논쟁하는 곳으로부터 지식을 분리해낸다. 쓰기는 아는 주체를 알려지는 객체로부터 떼어놓는다. 반면 구술성은 지식을 인간 생활세계에 파묻어 놓음으로써 지식을 사람들의 투쟁상황에 놓아둔다.

일곱째, 객관적으로 거리를 유지하기보다는 감정이입을 하거나 참여한다. 쓰기는 알려지는 대상(the known)에서 아는 주체(the knower)를 분리해냄으로써 '객관성'의 조건을 세운다.

여덟째, 항상성이 있다. 구술 사회는 현재와 관련이 없어진 기억을 버림으로써 균형상태 혹은 항상성을 유지하고 있는 그런 현재 속에서 영위된다. 즉 기록이 있으면 시간의 변화에 따른 변모 양상이 명시되지만 구술 사회에서는 언어 속에 과거의 의미가 인식되지 않는다. 구술성에는 시간의 켜가 없다.

아홉째, 추상적이라기보다는 상황의존적이다. 예를 들어 해머, 톱, 나무, 손도끼를 분류한다면 문자 문화의 사람들은 도구와 그 도구의 대상으로 나눌 것이다. 그러나 문자를 모르는 나무꾼은 자기가 나무를 자르는 상황을 기억하면서 그것을 설명해나간다. 이들은 오히려 나무 자르는 현장에 해머가 없기 때문에 해머를 다른 종류로 분리할지도 모른다.[8]

---

8 앞의 책, pp. 60~92.

이처럼 문자 문화와 구술 문화는 차이를 지닌다. 구술성과 문자성의 이분법은 역사적 과정을 통해 존재해왔다. 즉 문자의 발명 이후 문자성의 정신역학에 상반된 존재로서 구술성을 놓고 추론하는 부분이 끼어들어갔다는 혐의가 짙은데 그 혐의는 디지털 매체에서 언어의 변화로 인해 사실로 굳어진다.

최근 디지털 세대들의 언어변화는 구술성의 정신구조를 참 많이 닮아 있다. 우선 네티즌들이 사용하는 문장은 짧다. 그리고 논리적이고 추론적으로 이야기를 진행하기보다는 첨가적으로 진행한다. 객관적인 사실에 집착하기보다는 당시 상황에 자신을 감정이입하여 말하는 버릇이 있다.

물론 여기에 다른 점은 있다. 구술 사회에서는 지식이 보존되지 않았지만 디지털 사회에서 지식은 축적되고 보존된다. 인터넷의 가변성에 의해 지식이 끊임없이 업그레이드되는 방식은 종래 불변의 구조를 지닌 지식과는 또 다르다. 이런 지식 축적의 방식은 가상놀이인간으로 하여금 구술 문화, 문자 문화와는 다른 정신역학을 낳게 할 것이다.

# 가상놀이인간의 모습들

## 인형 마니아

호이징하는 놀이를 그 자체로서 물질적 효용이 없고 어린이가 하는 것이며 현실 공간이 아닌 한정된 시간과 공간에서 행해지는 것으로 규정했지만, 이 개념은 탈근대사회에서 깨어졌다. 놀이는 현재 고도의 부가가치를 창출하고 있으며 도시 공간 전체로 퍼져버렸다. 그리고 키덜트 문화가 나타남으로써 어린이의 놀이와 어른의 일의 경계가 해체되어버렸다.

이것이 과연 문화산업의 음험한 음모일까? 문화산업계의 종사자들이 성인소비자들에게 '어린 시절이 얼마나 좋았는가?'라는 허위기억을 창조하도록 향수 이미지를 상품형식으로 사용한다고 한 엘리자베스 로프터스(E. Loftus) 교수의 말은 옳을까? 기술의 빠른 속도에 지친 인간들이 유년기로 회귀하고픈 퇴행심리를 일으키고 산업계의 종사자들은 그 퇴행심리를 가치창출에 이용하는 것이 아닐까?

최근 인형이 어른들의 기호품으로 변신하고 있다. 조앤 롤링(J. K. Rowling)의 《해리 포터》가 세계적인 베스트셀러가 됨으로써 키덜트 문화는 본격적으로 확산되었고 여기에 발맞추어 인형 마니아가 등장하고 있다. 싸이월드의 동호회 리얼큐브릭에서는 인형 마니아들이 인형에 관련된 정보를 교환한다. 이들은 자신의 큐브릭 인형 사진을 게시판에 올리거나 장터를 열어 물건을 교환하기도 한다.

온라인상에서 인형놀이에 집중한 어른들은 현실 공간에서 마치 인형을 살아 있는 사람, 혹은 애완물 취급을 하며 생활한다. 지하철에서 인형의 머리를 빗겨주기도 하고 손수건을 펼쳐 인형을 앉힌다. 정상적인 사회생활을 하는 성인이 인형에 대해서만은 어린아이의 심성을 지니는 것이다. 이런 현상은 가상세계의 놀이성이 현실 공간을 잠식하는 현상을 단적으로 드러내는 것이다.[9]

단순히 인형을 아끼고 인형의 옷을 입히는 데에서 더 나아가 자신이 공주가 되려는 경향도 보이고 있다. 최근 한 여대 앞의 카페에는 드레스와 장신구를 빌려주는 장사가 성업 중이다. 여대생들은 몇천 원에서 몇만 원 정도만 내면 자신이 원하는 공주드레스, 웨딩드레스를 입고 왕관을 쓴 뒤 사진을 찍을 수 있다.

1990년대만 해도 여대 앞에 이런 업종이 있으리라고는 누구도 상상할 수 없었다. 여대생들이 전투적인 페미니즘 이론으로 무장하고 진보를 외치며 청바지를 입던 분위기가 이렇게 바뀐 것이다. 이는 어른은 어른다워야 한다는 통념의 약화와 더불어 여권신장으로 당당해진 여성들이 과거처럼 남성과 동등해져야 한다는 강박에서 벗어나 어린 시절 만화나 애니메이션

---

9 〈인형족이 뜬다! 인형 마니아〉, EBS 2003년 12월 25일 방송. 필자 자문 및 출연.

에서 가꾸었던 동심을 되찾고 싶은 욕구에서 나온 것이다.

## 청계천, 국립중앙박물관

청계천 복개공사는 초기에 많은 반발이 있었다. 개발이 불러올 또 다른 파괴의 문제, 온통 시멘트로 도배를 했다는 비판에도 불구하고 많은 시민들이 이 공간을 찾았으며 또 찾을 것이다. 국립중앙박물관도 개관과 동시에 많은 인파가 몰렸다. 입장료를 징수하자 관객이 줄었다고 하지만 도심 한복판에 이런 문화 공간의 존재를 간절히 바라왔던 시민들이기에 기쁨의 표현이었다고 할 수 있다.

왜 시민들은 이 공간에 그렇게 열광했을까? 휴식하고 놀 수 있는 공간은 교외에도 많고, 여유가 된다면 해외에 나갈 수도 있다. 빌딩 숲 속에 개천 하나 흐르게 한 것, 박물관 하나 세운 것이 그렇게 대단한 것일까? 시민들의 열광에 바로 이 시대의 변화가 이루어진 것이다.

이미 앞에서 설명했다. 다시 요약하면, 최근 문화와 산업계의 화두인 '감성'이 등장한 가장 큰 원인으로 정보통신의 발달을 들 수 있다. 인터넷 공동체가 감성의 공동체이며 기술발달의 속도가 빨라질수록 불확실한 미래를 감각적인 꿈으로 파악하려는 경향이 있다는 점, 문자가 이성적이라면 영상은 감성적·직관적 감각을 요구한다는 점이 그 이유이다. 영상성의 증대로 인해 놀이성은 전체 생활 공간으로 확산되고 있다.

또 최근 소프트웨어 기술의 발달과 가격의 절감으로 침투식 컴퓨팅 기술과 편재식 컴퓨팅 기술이 합쳐지면서, 언제 어디에

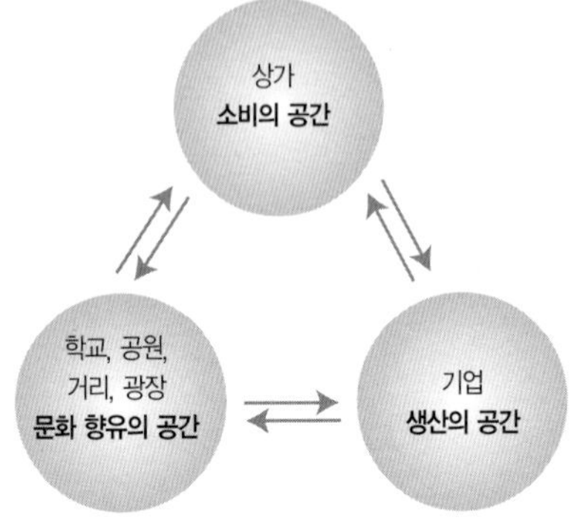


자료 : 원광연 · 최혜실, "문화산업의 새로운 패러다임 구축을 위한 제언", 2003. 7. 31, 문화관광부 제출 논문, p. 46.

서나 디지털 매체의 영향을 받는 유비쿼터스 기술의 대두 및 대중화가 이루어졌다. 이로써 가상세계의 현실감을 증강시킴으로써 가상성이 현실에 큰 영향을 미치고 있다. 이렇게 영상성이 증대될수록 현대인들은 가상과 영상세계의 감각적 속성, 놀이적 속성을 공간에 적용하려는 경향을 지닌다.

현대산업에 오락의 요소가 증대되는 까닭이 여기에 있다. 이제 놀이성은 우리가 사는 문화 공간 전체로 확산되고 있다. 예를 들면 쇼핑센터, 극장, 테마파크를 동일한 공간에 둠으로써 구매행위와 엔터테인먼트를 일치시키는 메가플렉스가 등장하고 있다.

이 공간에서는 예술공연 및 감상방식과 상품판매 및 구매방

---

10  CC는 'culture creek'의 약어이다. IT의 실리콘밸리에 대응되는 개념으로 도심 하천 주변을 중심으로 CT를 발전시킨다는 전략이다.

식이 일치한다. 시장의 공연장화, 공연장의 시장화, 그리고 공
연장과 시장의 개념이 해체, 통합되면서 제3의 마케팅 방식이
등장하고 있다. 이제 축제의 공간과 시장의 공간, 생활의 공간
은 일치한다. 일상의 삶 속에서 예술을 향유하길 원하는 시민
들에게 청계천은 천혜의 공간이 될 수 있다. 하천을 둘러싼 상
가와 회사들, 일을 놀이처럼, 놀이를 일처럼 하는 시민들에게
가장 호감이 가는 공간이 될 수 있는 것이다.

　박물관은 현실과 허구세계의 경계를 흐리려는 디지털 시대
의 대중심리를 정확하게 반영하는 공간이다. 즉 허구로서 놀
이의 세계를 현실에서 즐기려는 시민들의 심리에 박물관처럼
잘 맞는 곳이 어디 있을까? 물론 역사는 과거의 사실이다. 그러
나 현실에 재현된 역사 공간이 과거의 사실과 같을 수 있을 것
인가? 일찍이 장 보드리야르가 간파했듯이 전형적인 시뮬라크
르의 세계가 박물관이라 할 수 있다. 과거의 사실이되 과거 그
자체가 아닌 그 미묘한 허구와 현실의 경계에 우리가 열광하는
것은 어쩌면 당연한 일인지 모른다.

# 4

# 디지털 매체와 스토리텔링

# 01

# 예술과 상품, 그 경계의 와해

## 예술과 상품, 그 경계

▌모든 견고한 것들은 하이퍼텍스트 속으로 사라진다[1]

자본주의는 시대에 따라 다른 특성을 보이며 변모해왔다. 19세기 자유자본주의를 거쳐 20세기 조직자본주의 시기에 이르면 화폐·생산수단·소비재·노동력 등은 전국적 차원으로 흘러다니며, 포드 사와 같은 전국적으로 수직, 수평 통합된 대기업이 출현하게 된다.[2]

그런데 이 단계에 실시간의 금융, 사업, 미디어를 조정하는 전 지구적 정보네트워크의 확립 및 작동과 더불어[3] 탈조직화(disorganization)를 수반하는 보다 분화되고 유연한 유형의 생산양식이 나타난다.[4] 생산 라인이 기능적으로 분화하는데 이전 같으면 한 회사의 조직 속에서 체계적으로 이루어졌을 책의 생산 라인이 촉탁편집인, 재정, 마케팅, 생산, 계약, 판매, 디자

---

1 최혜실(2000), 《모든 견고한 것들은 하이퍼텍스트 속으로 사라진다》, 생각의나무.
2 스코트 래쉬·존 어리(1998), 《기호와 공간의 경제》, 박형준·권기돈 옮김, 현대미학사, pp. 13~14.
3 홍성욱·백욱인 외(2001), 《2001 싸이버 스페이스 오디쎄이 : 정보, 자본주의, 불확실성》, 창작과비평사, p. 205.
4 이 단계가 자본주의의 심화인지 탈자본주의의 단계인지에 대해 다양한 논의들이 있다.

인 등의 분야로 아웃소싱되고 있다.[5] 이러한 현상은 생산물의 회전속도가 빨라진 점이 원인이며, 정보통신의 발달이 그것을 가속화시킨다.

자본주의의 요소들, 즉 ① 지불능력이 상품과 서비스 공급을 결정하는 중요기술이라는 점, ② 공급은 사적공급에 더 기초한다는 점, ③ 손익이 사용가능의 가장 중요한 요소라는 점, ④ 경쟁 중시, ⑤ 인간관계를 가격평가에 종속시키는 '활동의 상품화', ⑥ 재산의 사유화, ⑦ 임노동 중시 등이 '전 지구적 네트워크 사회'를 통해 한층 강화된다.

자본주의는 의식산업에 더 깊이 침투하고 정보는 이윤을 낳는 상품이 되어버렸다. 이러한 급속한 변화는 마르크스와 엥겔스가 〈공산당 선언〉에서 주장한, 자체 내에 생산의 끊임없는 변화와 모든 관계의 불확정성의 요소를 지니는 자본주의의 속성이다. 그리고 정보통신 기술은 견고한 제도들을 더 빨리 대기 속으로 녹여버리고 있다.

## ▍비미학적 객체들의 미학화

물질을 산출하는 생산방식보다 기호를 산출하는 생산방식이 훨씬 많아지면서 상품에 미학적 요소가 훨씬 강조되고 있다. 연구개발이나 설계가 중시되면서 상품은 '상표화'를 통해 기호가치의 속성을 띤다. 이 과정에서 판매자와 광고업자들이 결탁한다는 비난도 받지만 많은 경우 생산자와 소비자의 공모

---

5 이케가미 준(1999), 《문화경제학》, 황현탁 옮김, 나남, p. 58.

를 통해서도 상징적 이미지가 만들어진다. 이제 지금, 이곳을 이해하기 위해 이미지의 유통방식, 소비행위 및 재생산을 보는 것이 필수적이 되었다.[6]

상품은 현저하게 미적 성향을 띠게 되며 그 방식은 공간에서도 이루어진다. 예를 들어 관광객들은 잘 짜인 공간을 산책하며, 자신의 체험을 기호로 전환시킴으로써 그것을 소비한다.

## 근대예술의 개념쇠퇴와 문화산업의 대두

### ▌예술가의 천재성과 근대

수많은 예술가에 대한 소설이 있다. 예술가가 자신의 타고난 천재성을 인정받지 못하고 고난을 겪는다는 줄거리의 이야기들은 근대에 이르러 비로소 부각되고 체계화되어 나타난다. 한국에서도 1920~1930년대 김동인의 《광화사》, 《광염 소나타》에서 본격적으로 시작된 이런 개념은 문사로서 작가를 그린 이청준의 일련의 작품 등 지식인 소설들로 이어져 내려오고 있다.

근대 분업과 대량생산에 대한 반발로 예술가의 전문성과 작품의 일회성은 강조되고 이 상황은 예술가를 신비에 싸인 존재로 몰아갔다. 여기에 편승해서 예술은 목적성에서 자유로워지지만, 그 자체가 목적이 된다. 예술이 이전처럼 종교에 봉사하는 부속물이거나 공예품이기를 벗어나 독자의 아우라(aura)를

---

6 스튜어트 유웬(1996), 《이미지는 모든 것을 삼킨다》, 백지숙 옮김, 시각과언어.

가지게 된 것이다.

## ▎예술의 상품화인가, 상품의 예술화인가

기술복제 시대에 예술의 일회성이 사라지므로 아우라가 상실된다는 발터 벤야민(Walter Benjamin)의 주장은 디지털 매체에는 의미가 없다. 모든 정보가 전자의 꺼짐과 켜짐으로 저장되기 때문에 컴퓨터 모니터를 백 번 켜도 늘 같은 작품이 떠오른다.[7] 초기 원본과 복사본의 구분이 있었던 시대에나 예술의 특성이 그것의 복사본과 대립되어 두드러지는 것이지 이 상황에서 일회성은 의미를 상실하는 것이다.

또 지금까지 상품으로 간주되던 것에 기호, 상징의 요소가 중시되면서 상품과 예술의 경계가 사라지게 되었다. 우리는 일상의 공간에서 폭격에 가까운 기호의 세례에 둘러싸여 살아가고 있다. 물론 이 현상은 처음에는 소비자가 상품의 '진가'를 알지 못하고 광고 등에 의해 조작된 기호가치에 함몰된다는 비판으로 인용되어왔다.

그렇다면 이제 이 '조작된 기호가치'를 예술의 미감으로 바꿀 수는 없는 것일까? 최근 '벽 없는 미술관', '달리는 미술관' 같은 개념도 따지고 보면 일상의 삶 속에서 실천되는 예술이라 할 수 있다. 이제 예술가들은 관념 속에 상정한 대중의 개념을 좀더 유연하게 변모시켜 상품 논리 속에서 표현하려는 시도를 보이는 듯싶다.

---

7 최혜실 편(1999), 《디지털 시대의 문화예술》, 문학과지성사.

이제 문화논리가 후기 자본주의 단계에 함축된 경제논리와 평행한다는 주장에는 그것이 부정되어야 할 현상이든, 선용해야 할 것이든 그 밑바닥에는 경제가 결정력을 가진다는 논리가 있다. 특히 최근 예술의 상품화는 소비가 생산에 통합해 들어가는 현상과 맞물려 있다. 프로슈머(prosumer)의 등장이 그것이다. 음악 감상자가 프로그램을 이용하여 곡을 작곡하거나 독자가 제시된 경로 중 자신이 궁금한 스토리만 읽어가는 방식 등은 기호, 상징의 소비가 형식에 본질적으로 일치하는 것이다.

또 디지털 매체에는 작품의 감상보다 참여와 행위의 과정이 중시된다. 컴퓨터 게임을 할 때 게이머는 자신의 능력과 취향에 따라 다른 점수와 스토리를 만들어간다. 보존과 축적보다는 생산과 소비의 성향을 지니는 하이퍼텍스트의 매체적 특성에 맞게 게임은 한바탕의 놀이로 끝나버린다. 누구도 자신의 게임 스토리를 보관하여 두고두고 관조하려 하지 않는다.[8] 이로써 예술의 보존가치는 사라지고 소비되는 한바탕의 행위로 변한다.

이제 예술은 상품화를 피할 수 없다. 예술가가 의도하지 않더라도 그것은 교환가치를 띠게 되었기 때문이다. 따라서 우리는 한탄하거나 스스로 상품임을 최소화함으로써, 즉 아주 소수에 의해 감상됨을 자처함으로써 주변부에 머무는 것으로 종래 예술개념을 고수할 것인지, 아니면 기호의 생산이 중요한

---

8 최혜실(2000), 《한국현대문학연구 제8집 : 디지털 서사(e-narrative)의 현황과 전망》, 현대문학연구회.

상업적 요소가 된 이 시대에 모호해져버린 '작품'과 '상품'의 경계를 인정해야 할지 판단해야 할 때가 되었다.

그리고 상품 속에서 범람하는 기호들은 이제 올바른 절차와 노력을 거쳐 우리에게 유익한 것으로 쓰여야 한다. 무조건적인 비판은 현실을 살아가는 소비자로부터 비판자를 고립시킬 뿐이며, 상품은 올바른 검증 없이 더욱 부정적인 양태를 드러내게 된다. 상품화에 대한 비판이 지나치면, 많이 팔리는 것은 나쁜 것이라는 논리로 연결되어 좋은 예술은 대중에게 그리 영향을 끼치지 못하는 주변적인 것이라는 이율배반으로 귀착된다.

# 02

# 문화예술과 산업, 기술의 결합

## 문화기술의 등장과 초기의 정의

《디지털 시대의 문화예술》에 제시된 문화기술(Culture Technology, CT)이란 개념은 2001년 8월 17일 8차 국민경제자문회의에서 차세대 성장산업의 하나로 채택되었다. 당시 IT(Information Technology), BT(Bio Technology), NT(Nano Technology), ST(Space Technology), ET(Environmental Technology)의 5T가 성장산업으로 잠정 결정되었다. 이 중 문화예술 분야가 간과되어 있었는데 마침 이 개념이 등장하자 CT가 첨가되었고 6T가 최종 결정된 것이다.

이는 '산업'과 '기술'의 개념에 문화예술을 근간으로 하는 산업이 존재할 수 있다는 새로운 발견의 출발점이었고, 게다가 이 출발점이 이공학자의 경험과 시각이 있었기에 가능했다는 점은 부인할 수 없는 사실이다. 5T의 면면을 보면 그 이유는 금방 드러난다. 근대의 문화예술 개념에 익숙한 인문학자가 예술에 테크놀로지라는 단어를 붙인다는 것을 얼마나 불경스럽게 여기는가를 생각해보면 애초에 CT의 출발은 과학기술자의 손에 의존할 수밖에 없었던 것이다.

다음은 문화기술의 정의이다.

문화기술이란 문화를 위한 기술, 즉 문화예술 산업의 발전을 위한 디지털 기술을 지칭한다. 그러나 이것은 지극히 실용적인 면만을 일부러 강조한 것이다. 실용성을 앞에 내세워야만 연구에 추진력을 붙일 수 있기 때문이다. 또 실용성을 떠나서 순수한 학문적인 동기로서 예술의 창작활동과 작품의 감상행위를 계산하여 이론적으로 규명해보자는 의도도 숨어 있다. 즉 문화예술에 대해서 계산학적 모델링을 해보자는 것인데 이는 물론 학문적인 호기심 이상도 이하도 아니라고 치부해버릴 수도 있다. 하지만 문화예술 산업에 디지털 기술을 접목시키기 위해서는 어느 정도 이론적 뒷받침이 필요한데, 계산 이론적 연구가 이 역할을 해줄 수 있을 것이라 본다.[9]

문화와 기술을 산술적으로 더한 이 소박한 이론은 디지털 매체를 전제로 하고 있으며, 문화예술의 산업화를 위한 계산학적 접근이 전제되어 있다. 그리고 이런 함축된 전제는 당시 문화관광부에 의해 적극적으로 받아들여졌다. 문화예술 분야에 디지털 매체가 사용되고 있는 것은 대세였고 영화, 애니메이션, 게임 등 분명히 문화예술 성향이 있는 장르들이 문화관광부로 적극 영입될 이론적 근거가 마련되었기 때문이다. 정보통신부, 산업자원부, 과학기술부 등에 흩어져 있던 문화예술 기반의 디지털콘텐츠들은 이렇게 문화관광부로 집결되었다.

그러나 산업이나 기술로 정의된 이 분야는 당연히 표준화되어야 하며 그 표준화 방식은 기존의 과학기술 분야에 준할 수밖에 없었다. 이는 지금까지 과학기술의 반대 분야에 서 있던

---

9 최혜실 편(1999), 앞의 책, p. 163.

문화예술 분야로서는 극히 곤혹스러운 일이 아닐 수 없었다.

## CT의 전개과정과 문화산업, 문화 콘텐츠

### ▌CT는 문화산업과 어떤 관계인가?

문화산업은 협의의 개념으로는 오락적 요소가 상품의 부가가
치 형성에 역할을 하는 산업을 의미하며, 광의의 개념으로는
문화와 예술 분야에서 창작되거나 상품화되어 유통되는 모든
단계의 산업을 의미한다. 한편으로 이윤추구를 목적으로 문화
와 예술상품을 생산하고 시장에서 거래하는 것을 문화산업의
주요활동이라고 정의하기도 한다.

한국에서 사용되는 문화산업의 개념은 1999년 2월 제정되고
2002년 1월 전문 개정된 "문화산업진흥기본법"에 구체적으로
정의되어 있다. 이 법은 '문화산업'을 문화상품의 개발·제
작·생산·유통·소비 등과 관련된 서비스를 행하는 산업이라
고 정의하고 있으며, 문화상품은 문화적 요소가 체화되어 경제
적 부가가치를 창출하는 유·무형의 재화(문화 관련 콘텐츠 및
디지털 문화 콘텐츠 포함)와 서비스 및 이들의 복합체라고 규정
하고 있다.

2002년 개정안에 디지털 문화 콘텐츠라는 개념이 삽입된 것
은 의미심장하다. 여기서 디지털 문화 콘텐츠란 문화적 요소
가 체화되어 경제적 부가가치를 창출하는 디지털콘텐츠를 말
한다. 즉 종래 문화산업의 개념에 디지털 기술이 강화되면서
문화관광부의 위상은 새롭게 정립되었으며, 정보통신부는 디

지털콘텐츠 분야에 대한 자기주장을 할 수 있게 되었는데 이 과정에서 CT란 개념이 큰 역할을 한 것이다.

《문화산업백서》에 의하면 콘텐츠란 부호, 문자, 음성, 음향 및 영상 등의 자료 또는 정보를 말한다. 문화 콘텐츠란 당연히 문화적 요소가 체화되어 경제적 부가가치를 창출하는 콘텐츠를 의미하게 된다. 따라서 문화 콘텐츠는 문화산업의 재화로 정의될 수 있다.

그런데 초기 디지털 기술로 국한하여 시작된 CT는 몇 번의 시행착오를 겪게 된다. 초기 CT 분야는 공통기반기술, 콘텐츠 구현기술, 공공기술, 생활문화기술로 나뉘어지는데, 생활문화 기술에 해당하는 예술, 공연, 미술품, 공예품, 전통의상, 식품 등은 곧 제외된다. 실제로 문화와 기술이 융합되는 분야는 엄청나다. 건축 분야는 이미 예전부터 문화예술과의 접합이 있어 왔으며 부가가치도 큰 분야이다. 그럼에도 불구하고 누구나 입는 옷을 다루는 패션 분야조차 배제되는 이유는 CT의 출발점이 디지털 기술을 기반으로 한 인력에서 시작되었기 때문이다.

이런 어려움 때문에 개념 정의가 유보되고 로드맵 작성 위주의 보고서가 제출되는 과도기를 거친 후[10] 본격적인 개념 정의는 1년 후에야 나온다.[11] 〈CT 비전 및 로드맵〉에서는 디지털 기반기술이 문화산업이나 문화 콘텐츠의 개념을 포괄할 수 없다는 모순을 고려한 듯, CT의 개념이 보다 광범위해졌다.

---

10  문화관광부 문화콘텐츠진흥원(2004), 〈문화 콘텐츠 기술 로드맵 연구보고서〉, pp. 1~118.
11  문화관광부 문화콘텐츠진흥원(2005), 〈CT 비전 및 로드맵〉, pp. 1~88.

좁은 의미로는 문화산업을 발전시키는 데 필요한 기술로서 문화 콘텐츠 기획, 상품화, 미디어 탑재, 전달의 가치사슬 과정에 사용되는 기술을 말하며, 광의적인 개념으로는 이공학적인 기술뿐만 아니라 인문사회학, 디자인, 예술 분야의 지식과 노하우를 포함한 복합적인 기술을 총칭함.

CT는 문화 콘텐츠 산업의 가치사슬 전 단계에 적용, 즉 가치사슬의 각 단계마다 개입하여 부가가치를 더해주는 역할
－문화산업의 재화인 콘텐츠 상품의 작품화(기획, 창작)
－콘텐츠 사업자에 의한 상품화(개발, 제작)
－미디어 탑재(서비스, 네트워크, 솔루션, 소프트웨어, 하드웨어 지원)
－전달(유통, 마케팅)[12]

일반 이론으로 보면 CT는 단순한 디지털 기술이 아닌 문화산업 전반에 관련된 기술로 보인다. 그러나 기술 분야를 살펴보면 전과 크게 달라진 점이 없다. 초기에 세 분야로 나뉜 공통 기반기술과 산업 장르별 콘텐츠 제작기술, 공공기술을 그대로 받아들여 다시 세부 분야로 나뉜다.

그런데 문화 콘텐츠의 네 단계에 작용하는 기반기술이 CT라면 우선 창작예술 작업에 관여하는 기반기술에는 무엇이 있을까? 세부 기술 분야에 명시된 개념들을 살펴보면, 콘텐츠 초기 단계에서 영상, 음향, 색채 등의 디자인 및 시나리오 저작 등의 지원기술, 학제 간 연구를 통한 기획, 창작력 향상이라고 되어

---

12 앞의 글, p. 4.

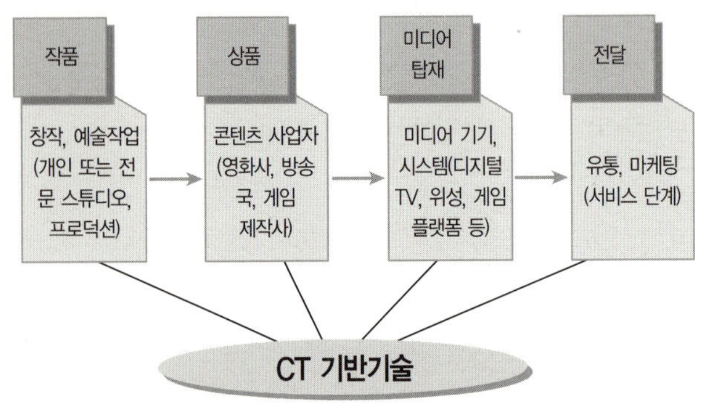


자료 : 앞의 글, p. 4에 나온 표 인용.

있다. 추상적으로 보면 문화예술과 과학기술이 융합된 듯이 보인다.

그러나 이 짐작은 로드맵을 분석할 때 틀렸음이 밝혀진다. 인터넷 지식 공유기술, 지식 자동생성기술, 감성기반지식 생성기술, 스토리보드템플릿 제작기술, 내용 인지 스토리보드 생성기술, 문장 DB 구축기술, 내용기반서사 자동생성기술, 감성기반서사 자동생성기술 등은 궁극적으로 시나리오 창작자의 창의력을 높여주는 기술은 못 된다. 서사 자동생성기술은 인간 대신 기계가 서사를 창조하는 기술을 말하는 것인데, 로봇이 인간보다 창의적인 소설을 쓴다는 것은 아직 불가능하다. 인간에 의해 프로그래밍된 서사기술이 스스로 자신의 벽을 허물고 학습하여 앞으로 나아간다는 것은 아무리 과학기술을 높이 평가한다 해도 5년 안에 일어날 수 없는 일이다. 나머지 기술들은 시나리오 제작에 부수적인 기술일 뿐이다.

이는 표현부분에서도 마찬가지이다. 3D모델링 기술, 행동분석 기술, 실감동작생성 기술, 3차원 오디오 획득 및 재생 기술, 모바일 입체음향 기술은 최첨단 디지털 기술의 일부일 뿐 디지털 애니메이션이나 게임의 감동을 더하기 위해 어떤 방식으로 개발되어야 하는지 전혀 기입되어 있지 않다.

마지막 단계인 전달—유통, 마케팅에 있어서의 문제는 더 심각하다. 문화산업이 무엇인가를 팔아서 이윤을 얻는 것인 만큼 상품의 유통과 비슷하다고 생각하면 오산이다. 영화 제작이나 소설 판매가 치밀한 기획과 마케팅에 의해 계산될 수 있다고 생각하는가? 수많은 영화가 흥행에 성공하거나 실패하는데 있어 나중에 분석은 가능하지만 처음의 예측은 거의 불가능에 가깝다고 한다. 그것은 소비자에게 감동을 주어야 하는 문화예술의 특성상 당연한 것이다. 그런데 이 재화의 유통에 정보구조화 기술, 온톨로지(ontology) 관리 및 검색 기술, 멀티 플랫폼 통합형 서버 기술 등이 근본적인 도움이 될 것인가?

현재 제시된 CT는 문화 콘텐츠를 보조하는 기술일 뿐이다. 스스로를 보조하는 기술을 놓고 독자성을 주장한다는 것은 무의미하다. 이 정도면 CT는 IT 기술이라고 해도 무관하다. 문화 콘텐츠에 종사하는 사람들이 디지털 매체에서 구현되는 콘텐츠를 개발할 때 편의상 IT 기술자들의 기술을 끌어다 쓰면 되는 것이다.

## CT의 문제점과 해결방법

애초에 CT가 주목받은 첫 번째 이유는 고도의 부가가치를 지닌 산업이란 사실 때문이다. 문화산업이 한국 경제의 성장을 이끌어갈 새로운 성장엔진으로 각광받고 있는데, 그 이유는 문화산업의 경이적인 성장률에 있다. 1980년대의 전 세계 성장률이 2.5%였던 반면 2000년 8,500억 달러 시장에서 문화산업은 매년 7.2%씩 성장, 2003년에는 1조 달러를 돌파했다. 또 세계 연평균 GDP 증가율은 3.4%, 1990년대 2.5%로 문화산업의 성장속도는 GDP 성장속도를 3배가량 상회한다. 특히 인터넷을 통한 디지털콘텐츠의 유통은 비약적으로 확대될 전망이다. 앞으로의 산업환경은 지식, 문화 주도의 콘텐츠 산업 중심으로 급속도로 재편될 것이라는 주장이 지배적인 상황이다.

그러나 가장 큰 문제는 지금까지 문화예술은 자본과 반대되는 방향에 서왔다는 사실이다. 예술가는 예술의 진정성으로 자본에 함몰되는 세계에 반대해왔다. 이것이 예술과 상품은 구별해야 한다는 가치관을 갖고 살아온 문화예술인으로서 부가가치란 주장은 곤혹스럽기 짝이 없는 것이다.

이 간극을 극복하기 위해서는 문화예술인과 경제인이 각자의 위치에서 한 발 물러서서 상대를 바라보는 자세가 중요하다. 양자는 먼저 상품과 예술의 교환관계가 디지털 시대의 새로운 패러다임이라는 사실을 인식해야 한다. 앞에서 잠시 살폈듯이 현재 예술작품과 상품의 관계는 모호하다.

그럼에도 불구하고 대중 매체에 의해 구현된다는 측면을 강조하여 애니메이션이나 게임을 폄하하는 측면이 있었는데 이제 이런 편협함을 탈피하여 예술의 상품화를 비판하는 상황을 극복하고 상품의 급격한 예술화에 주목해야 한다. 상품의 생산과 소비가 예술의 창작 및 향유의 방식과 닮아감으로써 삶의 질이 향상될 수 있는 방향에 중점을 두어야 하는 것이다.

마찬가지로 경영인들은 문화상품이 종래 상품의 생산 및 소비의 공식과 현저히 다르다는 점을 염두에 두어야 한다. 소비자가 상품을 소비하는 과정이 예술품에 감동하는 과정과 흡사해지는 일종의 커뮤니케이션 과정을 종래의 마케팅 이론으로 잡으려는 것은 거의 불가능하다.

이는 기술 쪽에서도 마찬가지이다. 앞에서 우리는 이미 그 폐단을 살펴보았다. CT가 복합적인 광의의 개념이 아니라 문화산업을 발전시키는 데 필요한 기술이라면 IT와 CT는 구분될 필요가 없다. 문화예술 쪽에서 디지털 매체를 사용하여 작품을 만들 경우, 그때마다 IT 전문가를 초빙하여 작업하면 되는 것이다. 예를 들어 특수효과가 필요한 SF 영화(Science Fiction film)를 만들려고 한다면 IT 기술자에게 이야기를 하고 의뢰하면 된다. 물론 이 경우 기술자가 평소 영화산업에 기술협력을 많이 할수록 좋다.

그러나 문제는 이 경우 과학기술자는 영화산업의 보조자에 불과할 뿐이다. 관객들이 〈스타 워즈〉를 볼 때, 그 영화 내내 펼쳐지는 아름다운 모습에 감동하지만 궁극적으로는 작품을 만든 감독이나 배우에 심취하지 특수효과를 연출해낸 기술자를 영화의 일등공신이라고 생각하지는 않는다.

그렇다면 문화예술과 과학기술, 산업은 어떤 방식으로 융합되어야 할까? 여기에 대해서는 아직 답이 없다. 단, 융합은 이제 시작에 불과하며 아직 삼자는 자신의 영역에 무게중심을 두며 열린 태도로 융합을 모색해야 한다는 점이다.

이야기는 다시 원점으로 돌아온다. 아직 시작인 융합의 단계를 겸허하게 수용하면서 자신의 분야에서 CT란 무엇인가를 소박하게 생각하는 것이다. 예를 들면 스토리텔링을 본래 학문적 배경으로 지니고 있는 필자는 스토리텔링이 디지털 매체로 이동하면서 발생하는 문화 콘텐츠의 지각변동에 관심을 가지는 것이 바람직하다고 생각한다.

# 03

# 문화기술과 스토리텔링의 결합

## 컨버전스와 OSMU, 그 핵심기술로서의 스토리텔링

"문화산업진흥기본법"에 나타난 문화산업의 범주는 디지털을 매체로 하는 예술의 생산과 판매에 초점이 맞추어져 있다. 법에 언급된 범주는 다소 넓으나 실제로 집중되는 것은 첫 번째로 언급된 '디지털 문화 콘텐츠의 수집·가공·개발·제작·생산·저장·검색·유통 등과 이와 관련된 서비스를 행하는 산업'이다. 그런데 이렇게 좁은 범주에서만 문화산업을 규정하다 보니 이 과정에서 변화된 사회, 경제를 토대로 나타난 보편적인 인간 삶의 변화로 문화산업, 문화상품의 의미가 왜곡되고 있는 것이다. 특히 디지털 매체와 관련이 약한 분야를 따로 떼어 육성책을 구사함으로써 같이 연결해야만 해결될 많은 부분이 간과되고 있다.

따라서 지금까지 다른 영역으로 치부되었던 각 장르를 관통하는 공통 요소를 도출하여 영역의 개별적 발전이 전체에 시너지 효과를 주는 방안 마련이 시급하다. 문화 콘텐츠를 텍스트 콘텐츠(출판·신문·잡지·출판만화), 디지털 이전의 비텍스트콘텐츠(공예품·미술품·공연), 시청각 콘텐츠(방송·영상·광고·영화·비디오·음반), 디지털콘텐츠(애니메이션·게임·디지털·모바

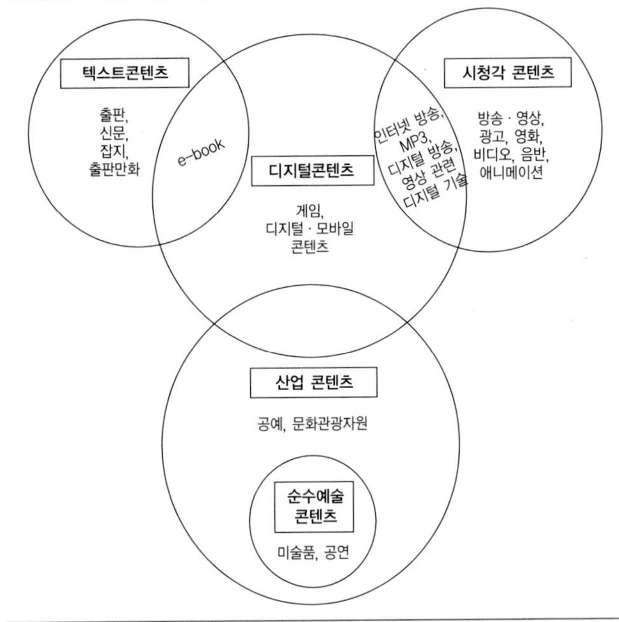



일)로 나눈 후 각 장르 간의 교섭 관계를 염두에 두면서 산업의
판을 새로 짜야 한다.

그런데 이러한 소통을 가능하게 하는 한 예로 스토리텔링이
있다. 스토리텔링이란 상위범주가 있고, 그 하위범주로서 문
학·만화·애니메이션·영화·게임·광고·디자인·홈쇼핑·테
마 파크·스포츠 등의 이야기 장르가 있다. 상위와 하위, 각각
의 하위 스토리텔링 장르들은 서로 미학적 영향을 주고받는
다. 스토리텔링은 서사형식의 원질이다. 따라서 각각의 장르
들은 스토리텔링이란 공통점을 지니면서도 매체의 특성 때문

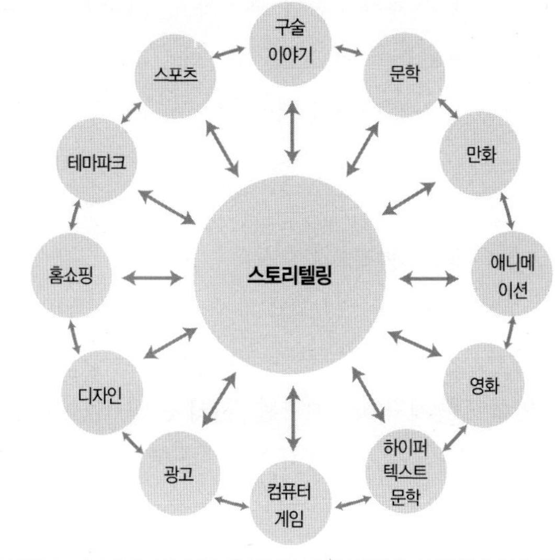


에 형식상의 차이를 띠게 된다. 예를 들어 이야기가 종이 매체에서 표현될 경우 문학이 되고, 영상 매체에서 표현될 경우 영화가 되며, 디지털 매체에서 표현될 경우 게임 등 디지털 서사가 된다.

이제, 문학 등 이야기 관련 종사자들은 새롭게 대두되는 이야기산업에 주목해야 한다. 이야기는 다른 매체로 옮겨가면서 새로운 표현방식을 획득하는데, 이 방식은 OSMU의 핵심을 이룬다. 하나의 콘텐츠가 여러 매체의 콘텐츠로 변주되면서 문화상품을 만들어내는 이 방식은 융합과 통합의 시대에 문화 콘텐츠 산업의 존재방식을 규정하는 데 필수요소가 된다. 예를 들면 《해리 포터》와 같은 문학작품이 성공을 거두면 곧 영화·애니메이션·게임·캐릭터 산업·테마파크로까지 다양한 문화상품을 생산한다. 이때 필수적인 시나리오 각색은 매체의 특성과 효과를 잘 아는 작가가 해야 좋은 시나리오로 탄생시킬 수 있다.

## OSMU에서 이야기 방식의 중요성

한국의 문화 콘텐츠 중 OSMU가 가장 고르고 다양하게 된 작품이 〈아기공룡 둘리〉라고 한다. 1983년 어린이잡지인 《보물섬》에 만화로 연재되면서 시작된 '둘리'는 1985년 롯데삼강 '둘리바'로 개발된 후 학용품이나 장난감 등 수많은 캐릭터 상품으로 활용되었다. 1986년부터는 만화 단행본으로 인기를 끌었으며, 1987~1988년까지 KBS TV에서 애니메이션으로도 제작되었다.

이때부터 둘리의 높은 인기가 계속되자 자연스럽게 어린이들의 둘리 캐릭터 선호를 교육에 연결하려는 시도가 나타났다. 1995년 〈둘리의 배낭여행〉은 둘리가 세계 여행을 하며 겪는 에피소드를 중심으로 자연스럽게 세계의 역사와 지리, 문화를 습득하도록 한 에듀테인먼트 장르였다.

1996년에는 극장 애니메이션 〈얼음별 대모험〉이 개봉되었고, 그것은 곧 비디오로 출시되었다. 2001년 뮤지컬로 변형되는가 싶더니 2003년에는 둘리박물관, 둘리거리, 둘리미용실까지 탄생했다.

이렇게 한 장르가 성공하였을 때, 그 장르를 다른 장르로 활

용하는 것은 디지털컨버전스 시대의 특성으로서 엄청난 고부
가가치 창출의 원천이 된다. 그러나 모든 문화 콘텐츠가 둘리
처럼 성공하는 것은 아니다. 예를 들어 〈툼 레이더〉는 원래 게
임이었다. 당시 엄청난 인기를 끌었으며 특히 여주인공 라라
크로프트의 마니아층이 두터웠다.

그러나 이 게임이 영화로 각색되었을 때 2편이 나올 정도의
성공은 거두었지만 게임만큼의 감동을 불러일으키지는 못했
다. 특히 여주인공인 안젤리나 졸리의 매력에도 불구하고 크
게 호감을 주지 못했다.

그 이유는 게임과 영화의 장르상의 차이 때문이다. 게임은
게이머가 아바타에 감정이입을 해야 하기 때문에 캐릭터가 단
순한 것이 좋다. 또한 자신이 이야기를 이끌어가기 때문에 예
측불허이거나 복잡하지 않은 것이 좋다. 반면 영화는 관객이
가만히 앉아서 감상하기 때문에 등장인물이 개성적이고 복잡
한 내면을 지니고 있는 편이 재미있고 감동적이다.

그런데 게임에서 모험을 즐기며 적과 싸워 이기는 여전사의
모습이 영화에서는 자칫 근육질의 백치처럼 보이기 십상이다.
수많은 적에게 둘러싸여 있어도 살아나며 주먹 한 방으로 위험
을 이겨내는 여주인공에게서 개연성을 느끼지 못하는 것이다.
매체의 차이에 따라 적절하게 이야기 방식을 달리하지 않으면
하나의 소재로 여러 장르에서 성공하기는커녕 한 장르에서 성
공한 자본을 다른 장르에서 손해 보기 십상인 것이다.

때문에 문화 콘텐츠 산업의 다매체 활용에서 가장 중요한 것
은 시나리오를 매체 장르에 맞게 각색하는 방법을 모색하는 일

이라고 할 수 있다. 원 장르와 활용될 장르의 매체 특성을 정확히 파악하고 재능 있는 시나리오 작가가 있을 때 OSMU의 활용은 성공하는 것이다.

이제 스토리텔링과 CT의 유기적 결합이 필요한 시점이다. 각 문화산업의 장르별로 이야기가 운용되는 형식(영화·비디오·애니메이션·게임·광고·디자인·테마파크)을 서사 분석틀을 이용하여 분석한 후, 같은 소재의 여러 장르들을 비교하여 스토리의 형식이 달라지는 규칙을 도출한다. 그리고 풍부한 스토리텔링을 지니고 있는 장르인 영화·비디오·애니메이션의 스토리텔링과 아직 미약한 게임·광고·디자인·테마파크 등의 분야를 비교함으로써 문제점을 지적하고 방향을 제시한다.

현재 문화 콘텐츠의 중요 요소인 스토리텔링은 CT에 의해 새로운 표현기법을 획득하고 새로운 형식의 창안은 새로운 기술개발로 연결되고 있다. 예를 들어 디지털 애니메이션의 표현 효과를 위해 새로운 그래픽툴이 만들어지고 게임의 기술이 개발됨에 따라 현실과 사이버 공간을 접목시키는 새로운 형태의 게임 스토리텔링이 탄생한다.

# 5



## 문화 콘텐츠 산업과 스토리텔링

# 디자인의 스토리텔링

## 디자인 기획에 있어 시나리오의 역할

삶의 질이 높아지고 제품의 미학적 가치가 강조되면서 제품을 디자인하는 데 사용자의 감성적인 측면을 고려하는 경향이 커지고 있다. 이제 소비자들은 튼튼하고 기능이 좋은 상품보다 사용할 때 즐겁고 행복한 상품을 더 좋아한다. 최근 마케팅 전문가들은 미래의 쇼핑몰은 단순히 상품을 파는 장소가 아니라 놀이 과정에서 브랜드 이미지를 확립하는 장소가 될 것이라고 전망하고 있다.[1]

예를 들어 스타벅스(Starbucks)는 단순히 커피를 마시는 장소가 아니라 감성적이고 친밀한 장소, 공동체의 느낌을 지니는 장소로 알려져 있다. 스타벅스는 지금까지 충족되지 못했던 소비자의 욕구를 발견하고 그들을 만족시킬 만한 제품을 개발하고 있다. 자연과 현대라는 미학적 요소의 혼합으로 분위기 자체가 소비자를 끌어들이는 역할을 한다.[2]

또 아시아의 하겐다즈 카페(Häagen-Dazs café)에서는 '낭

---

1 마크 고베(2002), 《감성디자인 감성브랜딩》, 이상민·브랜드앤컴퍼니 옮김, 김앤김북스, pp. 34~35.
2 번 슈미트·알렉스 시몬슨(1999), 《미학적 마케팅》, 한언, pp. 113~115.

만'이라는 테마를 이용하여 감성 마케팅을 펼치고 있다. 아이스크림 이름 자체가 왈칭 로맨스(waltzing romance)이거나 하트 오브 하츠(heart of hearts)이며, 아이스크림 케이크를 들고 포옹하는 남녀의 모습이 새겨진 멤버쉽카드나 웹사이트에 있는 낭만적인 연인들의 이야기가 그 예이다.[3]

그런데 경영학자나 심리학자들은 이렇게 소비자에게 감동을 주는 감성 마케팅, 체험 마케팅의 근원을 지금까지 주로 시각·청각·후각·촉각·미각 등의 오감인 감각의 측면에서만 고려해왔다. 여기에 다소 발전한 주체의 행동이나 관계가 강조되는 체험 영역을 추가하였다.[4] 그러나 문제는 경영학자들이 강조하는 체험은 주로 감성적인 부분이라는 데 있다. 즉 소비자를 감동시키는 체험이 마케팅의 주요영역이라는 것이다. 그러나 모든 체험이 다 감성적인 것은 아니다. 조금만 살펴보면 여기서 주장하는 체험의 핵심에는 소비자가 참여하여 행동하고 관계를 맺는 과정에서 느끼는 감동이 있다는 것을 알 수 있다.

내가 참여하여 세계를 감동적으로 인식하고 느끼는 것, 그 가장 대표적인 것이 '놀이', 즉 내가 참여하여 만드는 이야기이다. 최근 디자인 분야에 시나리오 작성방식이 들어온 것은 이런 이유에서이다. 사용자를 고려한 디자인을 하기 위해서는 지금까지처럼 일반적인 기법을 이용하는 데에 한계가 있다고 한다. 시나리오 기획단계에서의 일반적 기법은 현상을 수집하고 1차적 데이터를 모으며 과거와 현재의 경험에 의존한다. 반

---

3 번트 H. 슈미트(2002), 《체험 마케팅》, 박성연·윤성준·홍성태 옮김, 세종서적, pp. 176~177.
4 앞의 책, pp. 101~111.

면 시나리오 기법은 현상의 인과관계를 파악하고 과거와 현재 뿐 아니라 미래를 예측한다.

　디자인 기획은 디자인 경영과정의 첫 단계로서 조직이 추진하게 될 디자인 활동을 미리 예측하고 결정하는 것이다. 이 기획의 단계에 흔히 '전략'이란 용어가 등장한다. 좋은 제품을 만들기 위해 철저하게 계획하고 가정하고 조사하는 방식은 상당히 분석적이고 조직적이다. 앞으로 일어날 미래의 상황을 예측하고 여기에 대응할 수 있는 실천적 계획을 세우기 위해서는 당연히 현재 상황과 진행되고 있는 경향을 철저하게 분석하는 것이 필요할 것이다. 예를 들어 전략적 디자인 분석 활동을 보면 다음과 같다.

상호작용 매트릭스의 창출

템플릿의 활용

플로차트의 제작

상관망의 제작

군집/분류의 창출

공간적 또는 추상적 지도 제작

계층의 창출

패턴의 인식

점수화

측정

우선순위 매김

원칙의 인식

디자이너는 분석 활동에 필요한 여러 가지 기법들을 습득하는 한편 상황에 따라 적합한 분석 활동을 선별적으로 활용해야 한다. 디자인 분석을 통해 적절한 정보와 데이터를 얻은 다음에는 구체적인 계획을 세우기 위해 시나리오를 짜는 것 같은 종합적인 활동이 필요하게 된다. 분석과 달리 시나리오를 짜는 능력은 경험과 직관에 크게 의존한다.

많은 인력과 기구를 들여 방대한 자료를 분석하고 논리적으로 판단하는 것에 비해 비과학적이고 주관에 의하는 듯 보이는 시나리오 짜기가 왜 중요성을 인정받는 것일까? 우선 디자인의 초기단계에서 스토리보드는 소비자 조사를 통해 도출된 발견점들을 간결하고 쉽게 정리해준다. 이는 각기 다른 전문용어를 사용하며, 업무방식도 크게 다른 디자이너, 엔지니어, 경영자들이 발견점들을 재검토하는 데 용이하게 사용할 수 있는 것이다.

또한 시각적 시나리오의 사용은 스토리에 현실감을 더하고, 복잡한 아이디어를 쉽게 풀어주며, 잠재적인 상담자들같이 더 넓은 범위의 사람들이 디자인 아이디어를 위해 의견을 제시하는 데 큰 도움을 줄 수 있다. 디자인 시나리오는 사용자들이 원하는 것이 무엇인지에 대한 전체적인 이해를 가능하게 하며 모든 디자인 조직에 의해 적용되고 이해될 수 있는 방법을 충족시켜준다. 디자인 시나리오는 스토리보드 구조, 인터랙티브 컴퓨터 시뮬레이션, 만화책, 슬라이드 쇼 등 여러 가지로 나타낼 수 있다.

디자인 시나리오는 다른 분야에 종사하는 이질적인 사람들에게 전체를 볼 수 있게 하여 이해시키고 설득시킨다. 시나리오가 왜 그런 효과를 지니는 것일까? 다음의 예를 보기로 하자.

어느 난폭 운전자가 아주 위험하게 마크의 차 앞으로 갑자기 끼어들어 휙 지나갔다. 하지만 마크는 화내지 않는다. 대신 마크는 공평하게 대처한다. 정확하게는 꼭 그렇지 않지만 이것이 바로 마크가 교통정보 시스템에 대해 느끼는 바이다. 수다쟁이 교통정보 시스템은 어디서든 난폭 운전자를 신고할 수 있는 고속도로 감시 시스템이다.

이 고속도로 감시 시스템 때문에 마크는 위험한 상황에도 화를 가라앉히고 진정할 수 있다. 그는 이 기기가 세입을 증가시키는 효과가 있기 때문에 자신의 지역 교통상황을 더 발전시킬 수 있음을 알고 있다. 이 기기가 어떻게 작동하는지 한번 살펴보자.

"신고할 것이 있어." 마크는 운전 중에 이렇게 말한다.

"말씀하십시오." 차 내부에 있는 시스템이 말한다.

"빨간 차가 지금 막, 아주 위험하게 내 앞에 끼어들어 내 차를 칠 뻔했어."

"차에 대해 더 자세히 말씀해주시겠습니까?"

"네 개의 문이 있고 미국산으로 거의 새 차였어."

"네, 말씀하신 위반차량을 찾아 시스템에 당신의 신고를 접수했습니다. 감사합니다. 안전운전하십시오."

마크의 신고는 접수되었고 마크는 만족했다. 마크는 이제 앞으로 5분 안에 두 번 더 다른 운전자가 같은 차량에 대해 신고를 접수하면 이 차의 주인에게 바로 법원의 소환장이 날아갈 것임을 알고 있다. 그는 다른 운전자들이 자기처럼 이 위반차량을 발견하고 신고해주길 바랐다. 마크는 이 시스템이 소비자 자체 신고로 운영됨에도 불구하고 상황을 가장 잘 판단할 수 있는 피해자나 목격자

앞의 시나리오 예문은 마치 한 편의 소설과 같다. 우선 등장 인물이 '마크'라는 구체적인 인물로 설정되어 있고 배경도 구체적이다. 상황도 주인공이 미국산 새 차에 치일 뻔한 구체적이고 세부적인 사건으로 되어 있다. '과학적인 자료' 하면 흔히 통계를 연상한다. 교통정보 시스템을 사용할 계층을 상정하고 그 계층에 해당하는 사람들을 될 수 있는 대로 많이 조사한다. 그만큼 객관성이 보장되기 때문이다. 통계를 내고 평균을 내어 수치화하는 과정에서 운전자들의 행동양태나 생활방식이 객관적으로 드러난다는 생각이 지금까지의 일반적인 견해였다. 그러나 이 시나리오에는 구체적인 한 인물이 나오고 특정한 상황이 설정되어 있다. 이런 개별적인 상황을 설정하여 어떻게 교통정보 시스템의 포괄적인 사용 방식을 아우를 수 있단 말인가?

이렇게 주관적인 듯싶은 디자인 기획이 최근 주요 흐름이 된 원인은 디자인의 가장 중요한 요소가 개인의 욕구나 소망, 즉 주관적 정보이기 때문이다. 사람은 평소 생활 속에서 크고 작은 만족과 불만족을 느낀다. 만약 현실에 만족하지 않으면 더 나은 미래를 꿈꿀 수 있다. 창의력이 동기나 문제의식에서 발생하는 것도 이런 이유에서다. 이 과정에는 만족과 불만족 이외에 안심과 불안, 납득과 불가사의함 등의 관계가 있다. 현실 생활에서 불만·불안·불가사의함을 발견하는 것이 문제해결의 첫걸음이다.[5]

## '특수성'으로서 이야기의 힘

이런 과정은 작가가 소설을 쓰는 것과 일치한다. 소설은 자기 스스로에게 질문을 던지며 세계를 해명하고자 하는 수많은 인간의식의 산물이다. 그리고 작가는 이 인간의식을 누구보다도 날카롭고 정확하게 파악하여 이야기 속에 담는 인물이다.

우리는 왜 소설을 읽는가? 그것은 우리들이 경험하지 못한 어떤 요소들에 대해 일종의 보상을 얻고자 하기 때문이다. 아무 일도 일어나지 않는 삶 속에 무엇인가 기막힌 일이 일어나 주었으면 하는 바람은 사람들이 소설에 열중하고 감동하도록 만드는 것이다. 여기에는 사랑의 쟁취나 권력, 부의 획득, 법의 테두리를 벗어나는 삶 등이 있을 수 있다. 다시 말해서 현실에서 실천하기 어려운 경험들이 소설에는 풍부하게 담겨 있다고 하겠다. 현실의 모순과 결핍에 불만을 느끼고 있던 독자들은 이런 매력적인 삶을 살고 있는 작중 인물에 쉽게 감정이입하면서 열중한다.

디자인 시나리오에 담겨 있는 개념도 바로 이것이다. 가공의 인물을 만들어 그 인물의 모험과 행동 속에서 디자인하고자 하는 제품을 구현할 때, 그 제품에는 단지 사용상의 편리함이 아니라 현실의 문제점과 결핍을 해결해주는 어떤 요소기 녹아들게 되는 것이다. 소비자는 마치 소설을 읽고 꿈꾸는 독자처럼 그 제품을 사용함으로써 실현되는 삶의 풍부함에 감동하게 된다.

---

5  다나카 요우(2003), 《상품 기획을 위한 시나리오 씽킹》, 양영철 옮김, 거름, p. 65.

또 디자이너는 제품의 디자인 과정에서 시나리오를 활용한 줄거리 연계를 통해 그럴싸하고 개연적인 이야기를 만들어낸다. 그 이야기에 깃든 감성적인 개연성은 실제 고객의 숨은 욕구를 포착함으로써 고객은 제품의 소비를 통해 자신의 문제를 해결하고 욕망을 충족시킨다.

직관과 상상력의 이야기 만들기가 현실의 모순을 직시하는 데 통계나 과학보다 오히려 더 유용하다는 논리는 리얼리즘 문학의 '특수성(die besonderheit)' 개념으로 더 잘 설명된다. 객관적인 현실을 반영하는 데 있어서 특수성의 개념은 중요하다. 현실에서 개별성·특수성·보편성의 범주는 객관적으로 끊임없이 변증법적인 상호관계를 맺고 있는데, 개별성에서 보편성으로 전환하는 양극단의 중간지점이 특수성이다.

그런데 이 특수성은 일상생활과 과학에서는 매개의 역할을 수행하는 데 지나지 않으나 예술적 반영에서는 문자 그대로 중심(mitte)이 되며 운동의 포괄지점이 된다. 현실의 예술적 형상화는 보편성과 개별성의 특수성으로의 지양 추구를 의미한다. 개별성은 특수한 것 속에서 지양하면서 동시에 보존되어야 한다.[6]

하나의 예를 들면, 솔제니친의 《이반 데니소비치의 하루》는 한 평범한 러시아인이 스탈린 체제에서 억울하게 옥살이를 하는 10년 중 하루를 그린 소설이다. 이반은 개별적인 인물로 신체적 특징, 성장과정, 가족관계, 성격이 구체적이면서도 세세

---

6 게오르크 루카치(1994), 《미와 변증법》, 여균동 옮김, 이론과실천, pp. 165~168.

하게 그려져 있다. 만약 작가가 단지 이반을 개별자로만 그렸다면, 이 소설이 전 세계인을 감동시키지는 못했을 것이다. 그는 개별적인 인물이면서 동시에 독재의 사슬과 억압에서 신음하는 인간의 '전형'으로서 존재한다. 즉 그는 헤겔식으로 말하면 특정한 '이 사람(ein dieser)'이면서 동시에 하나의 전형인 것이다. 작가는 이처럼 등장인물과 배경에 대한 개별적인 지식을 풍부히 가지면서 동시에 그 개별성 속에서 그 시대의 핵심을 치는 특성을 형상화해야 한다.

솔제니친은 자신의 수용소 경험을 토대로 사실적이고 풍부한 사례들을 넣어 사실성을 높이면서 동시에 그 개별적인 사실들을 통해 인류의 자유의지, 억압에 대한 저항을 보여주었다. 즉 훌륭한 작가라면 생생한 사실적 묘사 가운데 흐르는 보편적인 인간정신을 그려야 하는 것이다.

이 방식은 역사 및 과학과 문학을 가르는 중요한 요소이기도 하다. 역사는 사실을 기록하며 과학은 개별적인 것 속의 보편적인 법칙을 추상적으로 제시한다. 이것은 일종의 논리로 사람들을 이해시키고 사람들에게 지식을 주지만 삶의 구체성 속에 있는 진실은 사람들을 감동시킨다.

예수나 석가모니의 설교들이 모두 예화, 이야기로 되어 있다는 점은 시사하는 바가 크다. 원수를 사랑하라거나 자비심을 베풀라는 말을 추상적 논리로 했을 때, 누구든지 이성이 작동하지 감성이 작동하지는 않는다. 반면 구체적인 인물과 사건으로 형상화했을 때 신도들은 마음으로부터 감동한다.

디자인 시나리오는 바로 이 방식을 이용하고 있다. 숫자나 통계는 평균치를 드러내는 것일 뿐이다. 평균은 어디에도 실제로 존재하지 않는 공허한 진리일 뿐이다. 중요한 것은 이 시대, 이곳에 실제로 살고 있는 사람들의 감성이다. 그 감성의 전형은 실제 살아 있는 개별적인 사람들의 묘사를 통해 현실화한다. 그 사람을 겨냥해야 사람들을 감동시키는 상품을 디자인할 수 있는 것이다.

문학작품에서 특수성은 어떤 방식으로 선취되는가? 통계나 공부로 가능한 것은 아니나 마찬가지로 예술가의 천재성이나 기질로도 가능하지 않다. 그것은 현실의 충실하고 진정한 반영이다. 예술가는 객관적 현실과의 접촉과 실천을 통해서만, 그리고 현실적으로 충실하고 진정한 반영을 통해서만 자신의 개별성으로부터 그 속에 보편성을 담지하고 있는 특수자에 도달할 수 있다. 우리에게 너무도 잘 알려져 있는 발자크의 '리얼리즘의 승리'가 그 예이다. 그는 자신은 보수적인 왕당파였음에도 불구하고 자기 시대의 현실을 진실하게 반영할 수 있었다.[7]

이때 현실을 충실하게 관찰하는 것은 무엇보다도 중요하나 관찰은 출발점, 중요한 원자재에 불과하다. 소설가는 삶에 대한 본질적인 특성 파악에 기초하여 현실에서 이들 요소를 조직하고 동시에 일상생활 속에서는 불가능하나 삶의 모순과 투쟁을 드러내 보일 수 있는 상황과 인물을 창조한다. 여기에는 물론 상상력과 환상이 배재되지 않는다.[8]

---

7 B. 키랄리활비(1984), 《루카치 미학비평》, 김태경 옮김, 한밭출판사, pp. 89~91.

이런 창작과정은 디자인 분야에서도 마찬가지로 적용된다. 먼저 라이프스타일을 파악하는 가장 중요한 방법은 관찰이다. 여기에는 일대일 면접법, 표적집단 면접법, 행동관찰 분석법이 있다. 일대일 면접법은 일대일로 고객을 면접하여 질문하거나 여러 고객을 모아 그들의 발언을 듣는 것이다. 행동관찰 분석법은 사람들이 그들 주변의 환경을 다루는 것을 체계적으로 관찰하는 것을 의미한다. 예를 들어 타운 워칭(town watching)은 거리를 구성하고 있는 여러 요소들이 창조하는 이미지와 상징을 관찰하여 사회의 분위기와 트렌드를 읽어내는 방법이다.[9] 이것은 마치 소설가가 소설을 쓰기 위해 사람들을 만나고 다양한 생활구성요소들이 상호작용하여 만들어내는 거리의 모습을 관찰하고 파악하는 것과 같다고 볼 수 있다.

이런 관찰기록들을 바탕으로 상상력과 예지력을 발휘하면서 구성되는 디자인 시나리오는 크게 네 가지로 나누어진다.

첫째, 문자기반 시나리오인데, 말 그대로 텍스트로 시나리오를 작성하는 방법이다. 사용자(user), 사건(task), 사용맥락(context of use)이 세 요소이다. 이 요소는 소설의 인물·사건·배경과 일치한다.

둘째, 이미지기반 시나리오인데, 디자인에서 가장 일반적인 방법이다. 사진, 그림, 만화 같은 시각적 보조물이 사용된다. 물론 이 경우 문자도 같이 사용되므로 첫 번째의 문자기반 시

---

8 앞의 책, pp. 96~97.
9 이승준(2000), 〈사용자 참여적 시나리오 기반 디자인 기법을 통한 디자인 트렌드 파악에 관한 연구〉, 한국과학기술원 산업디자인과 석사학위논문, pp. 61~64.

나리오 디자인과 구분 없이 쓰이는 경우도 있다.

셋째, 청각적 시나리오, 넷째, 동영상기반 시나리오가 있는데 모두 스토리텔링을 기반으로 한다는 공통점이 있다.

이처럼 디자인 기획단계에서부터 이야기 이론을 이용하여 사람의 감성을 사로잡을 수 있는 상품을 제작하려는 것이 최근의 전략이다. 상품의 디자인도 넓은 범주에서 보면 예술적인 창조작업이다. 예술작품이 상품과 분리된 것은 근대 이후의 일이었다. 고려청자도 술이나 음식을 넣는 그릇이며, 기하학적 무늬와 아름다운 배색을 자랑하는 조각보도 물건을 싸는 데 사용되는 상품이었다. 창조의 작업은 과학적인 계측이나 조직, 통계로 설명될 수 없는 일종의 블랙박스이다. 그 설명할 수 없는 과정을 잡기 위해 상품 디자인 기획단계에서부터 예술의 창작기법을 사용하는 것은 당연한 일인 것이다.

일상의 삶이 허구의 공간처럼 되고 있는 이 탈근대의 놀이 공간에서 소비자가 등장인물이 되며 상품을 쓰는 행위가 주인공의 소설적 행동처럼 현실의 불만과 권태를 이기는 방식이 되고 있다. 일찍이 근대의 소설이론가들은 소설의 발생을 인간과 상품이 맺는 왜곡된 관계를 파기하려는 '문제적 개인'에서 찾았다.

골드만(Lucien Goldmann)에 의하면 원래 인간과 상품의 건전한 관계는 사용가치에 있었는데 자본주의에 이르러 그 관계가 교환가치로 타락하였고, 이 교환가치 사회에서 본질적으로 사용가치를 주장하는 소수의 개인들이 '문제적 개인'으로서 소설의 주인공이 되었다고 주장했다. 물론 이들이 모순된 사회

현상을 극복하는 것은 아니다. 이들조차도 본질과 현상, 내면적인 삶과 사회생활 사이의 완전한 단절이라는 낭만적 환상을 갖지 않는 한 시장생산 사회에서 그들의 창조적 활동이 외부로 표현될 때 타락하게 된다. 즉 '문제적 개인'은 어찌할 수 없이 타락하는 소외적·부정적·수동적 인물로 그려져왔다.[10]

그렇다면 상품을 통해 꿈꾸는 탈근대의 개인은 어떤 인물일까? 상품의 기호적 가치를 통해 욕망을 드러내고 만족시키는 현실 속의 개인들은 르네 지라르(René Girard)가 간파한 한낱 대상을 통해 자신의 욕망을 드러내는 인물, 자신의 욕망을 스스로의 원천에서 끌어내지 못하고 다른 사람에게서 빌려오는 허위에 가득 찬 인물일까?[11]

인간은 무엇인가를 욕망하지만 주체가 직접 그 본질을 욕망하는 것은 아니다. 그 사이에는 제3의 중개자가 존재한다. 《돈키호테》에서 주인공 돈키호테는 기사도를 욕망했으나 그 욕망의 중개자로서 중세의 기사 아마디스를 모방한다. 마찬가지로 플로베르(Gustav Flaubert)의 소설 《마담 보바리》의 엠마 보바리는 그녀의 상상력을 채워주는 낭만적인 여주인공을 통해서 욕망한다. 그러고 보면 플로베르의 주인공은 자기 자신을 현재의 상태와 다르게 보이도록 하기 위해 모델을 발견하고 자기가 되려고 결심한 사람에게서 모방할 수 있는 것, 외양, 제스처, 억양, 옷 들을 모방한다.[12] 보바리 부인이 파리의 유행에 촉

---

10  루시앵 골드만(1982), 《소설 사회학을 위하여》, 조경숙 옮김, 청하, pp. 21~22.
11  르네 지라르(1991), 《소설의 이론》, 김윤식 옮김, 삼영사, p. 16.
12  앞의 책, p. 15.

각을 곤두세우며 귀부인들의 의복이나 장신구, 헤어스타일을 위해 파산에 이를 만큼 돈을 써대는 것도 그 때문이다.

이처럼 근대소설에는 상품의 진실한 사용가치를 망각하고 교환가치의 타락한 관계에 빠지는 인물들의 모습이 등장한다. 골드만은 근대소설의 형식이란 시장생산에서 이루어진 개인주의적 생활 내에서의 일상생활을 문학적 차원으로 전환시키는 것이라고 했다.

그러나 이제 교환가치 중심의 시장생산의 사회는 기호가치 중심의 후기 산업사회로 진입했다. 이 사회에서 인간은 상품의 타락한 가치에 고뇌하고 상처 입는 존재가 아니라 상품을 통하여 보다 나은 현실을 만들려고 한다. 근대예술이 상품과 인간의 타락한 소통구조에 반발하고, 그것을 비판하는 존재였다면 지금의 상품은 자신을 예술의 창작과정과 일치시킴으로써 스스로를 예술품으로 만들고 있다. 과연 이 세계에서 상품들은 예술품처럼 인간과 소통함으로써 인간으로 하여금 그것을 통하여 꿈꾸는 모든 것을 충족시킬 수 있을 것인가? 그렇게 된다면 상품의 사용을 통해 현실의 모순과 갈등을 해결하려는 '미학적 개인', '꿈꾸는 개인'이 '문제적 개인'보다 발전된 인물이 아닐까?

## 순수문학과 광고이야기의 공통점

### ▌상징가치의 기만성에 대한 반론

참으로 어려웠던 시절. 그날도 선생님은 어김없이 두 개의 도시락을 가져 오셨습니다. 여느 때는 그중 한 개를 선생님이 드시고 나머지를 우리에게 내놓곤 하셨는데, 그날은 두 개의 도시락 모두를 우리에게 주시고는 "오늘은 속이 불편하구나" 하시며 밖으로 나가셨습니다. 찬물 한 주발로 빈속을 채우시고는 어린 마음들을 달래시려고 그후 그렇게나 속이 안 좋으셨다는 걸 깨닫게 된 것은 긴 세월이 지난 뒤였습니다. 선생님의 도시락으로 배를 채우고, 선생님의 사랑으로 마음을 채운 우리는, 이제 오십 고개를 바라보는 왕성한 중년들. 그 옛날 선생님의 꿈나무였던 우리는 기업에서, 교단에서, 공직에서, 농어촌에서, 연구기관에서, 봉사단체에서 나름대로 사람값을 하고자 열심히 살고 있습니다. 살아 계신다면 칠십평생이 한 점 티 없으시고 그래서 자랑과 보람으로 주름진 선생님의 얼굴에 아직도 피어 계실 그 미소를 그리면서 그때의 제자들이 다시 되고픈 마음입니다.[13]

---

13  이낙운(1992), 《카피, 이처럼 쓰라》, 나남, p. 31.

참으로 아름다운 이야기이다. 보릿고개에 훈훈한 인정을 느끼게 하는 이 미담은 우리 삶에서 소중한 것이 무엇인가를 생각하게 해주는 이야기이다. 그러나 이 일화는 '불행하게도' 광고의 한 대목이다.

허름한 무명보자기에 싼 도시락 하나, 그 옆에 뚜껑이 열린 또 하나의 도시락이 있다. 시커먼 보리밥에 무짠지 몇 쪽과 젓가락이 대각선으로 놓여 있고 그 위에 "오늘은 속이 불편하구나"가 타이틀로 놓여 있다. 1950년대의 도시락이 왜 1990년대의 지면에 나오는지 의아한 소비자가 그 사연을 알기 위해 내용 쪽에 눈을 돌리면 거기에는 당시 학생들이라면 한 번씩 만나보았을 자상하시고 성실하신 시골학교 선생님의 아름답고 깊은 뜻이 회상의 형식으로 담겨 있다.

당시 이 광고는 가난한 유년시절을 보냈던 40, 50대 소비자들에게 큰 감동을 불러일으켰다. 어떤 사람은 그 문안이 광고임을 깨닫고 '속았다'는 느낌을 받고 분개했다고 한다. 또 어떤 사람은 이렇게 아름다운 이야기가 개발독재의 '하수인'이었던 기업을 미화했다는 사실에 분노와 허탈감을 느꼈다고 한다. 둘 다 같은 이야기이다. 그런데 전자는 그것이 어떤 목적을 지닌 데 반해 후자는 그것 자체가 목적이라는 것이다.

같은 내용의 텍스트임에도 불구하고 그것이 다른 컨텍스트(context)에서 사용되었을 때, 예술성이 상실된다는 논리의 배면에는 텍스트의 내용은 예술성과 관계가 없다는 논리로 귀결될 수 있다. 또 만약 그 컨텍스트가 정당하다면, 다시 말해서 광고주체가 좋은 물건을 파는 기업이라면 그 광고문안은 예술성이 있다는 논리로 귀결될 수 있다. 이 상대적인 의미에서 우리는 상품의 '기호가치'가 그 상품의 진실을 가리는 가짜인지, 그렇다면 그 상품의 '사용가치'는 과연 무엇인지에 대해 다시금 의문을 가지게 된다.

어떤 문학작품의 용도가 단순히 독자를 감동시키는 데 쓰이지 않고, 예를 들어 물건을 팔거나 기업의 이미지를 높이기 위해 사용될 때 그것은 소설이 아닌 광고라 할 수 있다. 그도 그럴 것이 광고는 목적의식이 뚜렷한 일종의 커뮤니케이션이다. 광고주체는 물건을 많이 팔기 위해서 소비자를 설득하고 공략해야 하는데 여기에 더 이상의 목적이 있을 수가 없다. 이런 정신 때문에 광고 연구자들은 마치 전쟁터에서 싸움이라도 할 것처럼 광고를 전략과 전술로 나누는 것이다. 먼저 '무엇을 말할 것인가'의 부분, 즉 전략의 요소로는 공략계획, 아이디어, 판매 요지 등을 들 수 있다. 그리고 '어떻게 말할 것인가'의 전술부분의 요소로는 이미지, 언어, 레이아웃, 매체 등을 들 수 있다.

그리고 훌륭한 전략을 세우기 위해서는 제품, 소비자, 시장의 3요소를 이해해야 한다. 팔고자 하는 것이 무엇인가? 누구에게 팔 것인가? 우리 제품이 경쟁제품들 사이에 들어갈 수 있는 방법은 무엇인가? 제품의 내용을 정확하게 알기 위해 구조나 공정의 과정을 파악하고 경쟁회사의 것도 아울러 알아내면 금상첨화이고, 여기에 시장분석은 필수적이다. 인구통계학, 심리학이 동원되고 소비자 프로필을 작성하면 좋다. 모든 소비자를 다 잡으려고 하면 오히려 두 마리 토끼를 모두 놓치므로 주소비자(heavy user)를 잡아야 한다. 그러려면 그 소비자

계층의 언어를 이해하고 활용해야 한다. 광고는 물건을 잘 팔겠다는 뚜렷한 목적의식에서 조직되고 구성된다.

이 때문에 많은 사람들은 광고가 상품에 대한 정보를 제공하는 것이 아니라 소비자를 통제하고 조작해서 실제로 필요하지도 않은 물건을 사게 만든다고 비판한다. 즉 광고에 사용가치가 중요시되지 않고 상징가치가 중요하게 대두된다는 것이다. 그리고 이 현상은 흔히 후기 자본주의의 특성과 일치한다고 주장한다. 처음에 자본주의가 대두될 때 마르크스는 자본주의를 단순히 물적생산이 정치경제의 교환관계에서 소외되는 현상으로 분석했다.

그러나 과연 광고만 이런가? 이미 후기 자본주의 사회에서 단순히 물질만이 아니라 도덕, 지식, 사랑까지도 교환가치를 지니게 되었다. 이제 상품형태가 아니라 상징형태가 지배적인 시대가 되었다. 사물은 실제 얼마나 유용하고 인간에 편리함을 주느냐 하는 그 고유의 기반을 잃어버리고 사회와 문화에 따라 변모하는 추상성을 띠게 된다.

이런 사회변화 속에서 자본주의는 생산에서 소비로 눈을 돌리고 수요에 대한 통제와 약호의 사회화에 힘쓰게 되는데, 이로 인해 일상용품은 아무리 평범할지라도 상징의 영역에 매개되어 있다. 커피는 잠을 막아주고 정신을 각성시켜주지만 대부분의 사람들은 커피에 어떤 이미지를 부여하면서 그것을 즐긴다. 커피는 많은 경우 정신노동자를 상징한다(실제로 밤샘 작업을 하는 블루칼라들이 이것을 애용함에도 불구하고). 그리고 시장에서의 광고는 이 상징성을 반영하며 동시에 강화한다.

이전 맥심커피 광고에는 작가 김은국과 연극인 윤석화가 등장했다. 전자의 경우 '가슴이 따뜻한 사람과 만나고 싶다'가 이미지의 원천이고, 후자의 경우 '저도 사실은 부드러운 여자예요'라는 유명한 카피가 주제로 이용되고 있다. 소비자들은 이런 종류의 광고 때문에 커피를 마시면서 자신이 지성인이나 커리어우먼이 된 듯 느끼지만 그 이유는 광고 때문이 아니라 사회가 커피에 부여한 약호 때문이다. 광고는 이 약호에 편승하여 커피의 약호를 재확인시키고 강화시킨다. 다시 말해서 광고가 상품의 가치를 창조까지는 하지 않더라도 가치를 확인하고 정리하는 데 중요한 역할을 하는 것은 틀림없다.

이쯤 되면 현대사회에서 광고는 가장 영향력 있는 사회화제도가 된다. 광고는 부모와 자녀 사이의 관계를 매개하고 인간의 욕구를 생성시킨다. 성정체성을 형성하는 데도 중요한 역할을 한다. 그리고 광고는 정치선거 전략에도 효과가 크며 최근에는 정부의 공공정책에도 목소리를 높이고 있다. 이제 광고는 사물을 통한, 사물에 대한 담론이 되고 있다.

또 하나, 문학작품이 독자에게 주는 감동의 소통방식이 과연 광고와 전혀 다르게 진정성을 지니는가 하는 점도 꼼꼼히 따져 보아야 한다. 《우동 한 그릇》이란 일본 단편이 있다. 소설의 줄거리는 이렇다. 일본의 한 우동가게에 어머니와 두 아들이 들어온다. 그들은 우동을 한 그릇만 시킨다. 가난한 살림살이를 눈치 챈 주인은 평소보다 많은 양의 우동을 담는다. 한 그릇의 우동을 가운데 놓고 세 가족은 서로서로 양보한다. 가장은 많은 빚을 진 채 죽고, 세 모자는 가난하지만 열심히 살고 있다는 사실을 대화를 통해 알게 된 주인은 눈물을 흘리고…. 세월이 지나 이 식당에 두 신사가 찾아왔다. 이제 성공한 그때의 두 아들이 다시 식당에 찾아와 어머니와 함께한, 가난했지만 따뜻했던 그 시절을 회상하며 우동을 한 그릇씩 먹는다는 이야기이다.

따뜻한 인정이 넘치는 이야기이다. 그런데 이 소설을 당시 일본의 한 의원이 국회에서 낭송하여 패전 직후 일본에서 어려움을 겪었던 장년층에 감동을 일으켰다고 한다. 즉 그 의원은 당시 분란이 끊이지 않았던 국회에 이 소설을 실화인 것처럼 읽어 더 어려운 시절에도 살아남아 경제부흥을 이루었던 자신들의 저력을 되돌아보게 만들었다. 이 소설은 소설 자체가 아니라 어떤 목적을 위해 사용되었다. 그렇다면 이 소설은 나쁜 작품으로 타락한 것일까?

## 문학보다 더 문학적인, 예술보다 더 예술적인 광고

### ▌키치(kitsch)로서의 광고

선생님! 서울서 전화예요. / 여보 저예요. / 추운데 불편하신 건 없어요? / 학교 일도 잘 되고요? / 그럼 / 여긴 눈이 많이 오는데 / 거긴 어때요? / 응, 여기도— / 아니, 당신, 눈 오니까, 내 생각 난 거구만 / 아유, 이인— / 그런데 14일 어, 어떡하죠? / 14일? 아! 처제 결혼식! / 거, 준비해놨어. 눌러만 주면 / 분말세제, 물, 시간까지 다 알아서 / 자동으로 해주는 사랑이라는 이름의 세탁기로 말이야. / 아니, 당신, / 처제가 무척 좋아하겠지? / 고마워요, 여보— / 사랑이라는 이름의 세탁기 어느 눈 내리는 날, 지방에 교사로 있는 남편은 서울에 있는 아내에게 애틋한 그리움을 표현하면서 처제의 결혼선물로 세탁기를 선물한다. 남편의 배려에 아내는 기쁨의 눈물을 흘린다. 아내에 대한 면면한 정이 세탁기란 상품으로 매개되면서 세상은 내리는 눈처럼 화해와 그리움의 장으로 변해버린다. 떨어져서 생기는 서로에 대한 그리움, 야속함 등의 갈등은 삼성 히트세탁기 때문에 비로소 살 만한 세상 속에 융합된다.

아내에 대한 사랑은 또한 '훼로바'라는 빈혈치료제로도 손쉽게 실현된다.



출산하고 고생하는 아내에게 빈혈치료제 훼로바 한 통으로 남편의 극진한 사랑을 확인시킬 수 있는 세상, 광고의 세상은 기본적으로 갈등이 없는 행복한 나라이며 간혹 갈등의 소지가 일어나도 일정한 물질이 그 모순을 해결해주고 세상은 평온해진다. 광고 속의 인물들은 법을 잘 지키고 기본적으로 윤리적이다. 상식적이고 건전하며 서로 아껴주고 위로한다. 직장인들은 잘 협력한다. 간혹 스트레스를 받아 처져 있거나 게으름을 피울 때면 야채믹스를 먹으면 된다. 외화를 낭비하지 않으려면 우리가 만들어 로열티를 지불하지 않는 맥콜을 마시면 된다. OB맥주 한잔에 '사람이 좋은 사회'가 이룩된다. 직장 선후배 사이의 정은 양주 '올드' 한 병이 오고가는 사이에 무르익는다. 삼성 VTR만 있으면 남편 사랑은 쉽게 확인되며 남편은 일찍 퇴근한다.

## ▌현실전복으로서의 광고

그렇다면 현실의 모순을 드러내면서 사람들에게 그것을 묻는 그런 광고는 존재하지 않는 것일까? 광고의 속성상 존재하지 않을 것 같은 그런 유형의 광고들이 최근 기업의 이미지 광고들에 나타나고 있다.

최근 사회의 대표적 모순과 갈등을 꼽으라면 인종문제, 여성문제, 섹슈얼리티(sexuality)의 문제를 들 수 있을 것이다. 이 갈등은 최근 차이의 존중이라는 해체주의의 사상, 탈근대의 사상과 맞물려 차이를 인정하는 공동체를 이루자는 사상이 공감을 얻고 있는 상황이다. 많은 연구가들이 최근 지적한 바 있듯이 서구 근대사회는 문화의 타자(광인, 유아, 어린이, 피식민자 그리고 여성 등)에게 열등하고 주변적인 위치밖에 부여하지 않는 다층적인 이항대립의 강제를 특징으로 하고 있다.[14] 이성중심주의가 빚은 타자화 현상이야말로 근대사회의 반목과 대립, 갈등의 주요 원인이었음이 지적되면서, 이러한 이항대립을 지양하고 자기성찰의 모습을 보이자는 반성이 최근 일고 있다. 그런데 이즈음 들어 광고가 상품가치를 노골적으로 표현하는 현상

---

14 미셸 푸코(Michel Foucault)의 견해가 대표적이다. 미셸 푸코(1997), 《성의 역사》, 나남출판.

에서 간접적으로 행복한 삶의 이미지를 가시화하는 경향으로 가다가 최근 자신을 생성하는 자본주의의 근대사회를 비판하는 메시지를 담는 이변을 보이고 있다.

먼저 인종문제에 대해 살펴보자. 베네통 그룹은 강렬한 광고 캠페인의 공세를 펼치고 있다. 백인·흑인·동양인이 베네통 특유의 원색적인 옷을 입고 얼굴을 맞대고 있는 장면, 흑인 여인이 백인 아기에게 젖을 먹이고 있는 장면, 여러 인종들이 힘을 합하여 노를 젓고 있는 장면, 심지어 같이 수갑을 차고 있는 백인과 흑인의 손 등 등장인물들의 독특한 마스크와 상황설정의 독특함으로 이 광고들은 베네통의 강렬한 색채만큼이나 선명하게 소비자들의 뇌리에 남아 있다. 이 모든 것은 인종과 문화를 넘어선 인간끼리의 연대를 제창하는 베네통의 이념을 표현하는 것이다.

성차별, 근대 천부인권설은 인간의 지위가 날 때부터 정해진 것이 아니라 본인의 소질과 노력에 의해 결정되어야 한다는 사실을 담고 있다. 그러나 이 사상에 정말 감사해야 할 사람은 무엇보다도 여성일 것이다. 여성도 사람이다. 여성이라는 이유만으로 할 수 있는 것이 제한되어서는 안 된다는 논리는 여성해방의 출발점이 되고 있다. 그리고 수십 년의 세월, 이제는 제법 구호와 투쟁의 차원을 벗어나 여성성이란 본래 존재하는 것인가, 정말 남성과 구분되는 차이가 있는 것인가 하면서 여유를 부릴 단계가 되었다.

그런데 최근 일군의 멋있는 여성들이 담배를 꼬나물면서 "여성해방에 이르기까지 참 오래 걸렸죠?" 하며 우리에게 미소 짓고 있다. 그녀들은 때로는 섹시하게, 때로는 자유분방하게, 그리고 때로는 커리어우먼답게 우리를 쳐다본다. 하지만 모두 당당하다는 점에서 공통적이다. 여성의 성적 매력이 강요되면서도 그것을 관리하고 통제하는 여러 체제 때문에 여성의 아름다움은 주체적인 것이 아니라 항상 남성의 시선을 의식해야 하는 것으로 억압되어왔다. 이런 면에서 이 섹시하고 슬림한 여성들은 남성의 시선을 끌기 위해서가 아니라 자신의 즐거움을 위해서 포즈를 취하고 미소 짓는 듯 보인다. 그런데 이 여성들은 '버지니아 슬림' 이란 담배광고의 모델들이다.

돈을 버는 기업인 베네통이 왜 갑자기 인종차별을 철폐하자고 부르짖고 있는 것일까? 'United Colors' 를 표방하는 베네통은 이 개념을 인종의 화합이란 개념과 교묘하게 연결시키고 있다. 왜 담배광고에 여성해방이 등장하지? 남성 흡연인구가 줄어드니까, 여성 흡연자를 늘이기 위한 고도의 술책 아닌가? 청춘의 상징인 청바지, 그것을 입는 젊은이들에게 성적 이미지는 큰 효과를 거두겠지.

베네통의 메시지는 광고에 처음 등장했을 때, 소비자와 비평가들에게 큰 반향을 일으켰다. '광고라기보다 하나의 예술작품을 보는 것 같다', '크리에이터의 열정과 집념, 장인정신이 녹아 있는 우수한 작품이다' 등의 찬사를 주로 받아왔다. 그러나 곧이어 비판들이 이어진다. 그래봤자, 베네통은 다국적기업으로 성장하고 있고 그들의 색채 통합을 이 인종화합의 광고가 도와주고 있을 뿐이라는 비난이 대표적이다.

그러나 봉사하는 회사가 다국적기업이라는 이유로 그 광고를 무조건 평가절하할 수는 없는 일이다. 흑백의 대립 속에서 선명하게 빛나는 메시지의 과격성, 그것을 받쳐주는 상황설정의 기발함에서 오는 새로운 미적 효과는 광고의 새로운 차원을 제시했다.

이와 비슷한 문제는 담배광고와 향수광고에도 나타난다. 여성도 남성과 동등한 권리를 가졌다는 메시지가 여성도 남성의 수준으로 흡연을 할 수 있으므로 여성흡연은 권장되어야 한다는 논리로까지 나아갈 때, 성에 대한 성찰과 다양한 모색의 메시지가 관능적인 향수의 향기와 연결될 때, 광고가 아닌 예술은 지금까지의 존재논리에 위협을 받게 된다.

예술가는 자신이 던지는 메시지로 사람들을 움직인다. 이 과정이 단순히 무목적적인 것이라고 볼 수 있을까? 예술가는 일정한 목적을 지닌 채 감상자를 설득하고 자신의 의도대로 움직이려 한다. 광고 또한 이 시대에 인류가 직면한 문제들을 제시하고, 그것을 비판하는 과정에서 팔고자 하는 상품의 존재의미를 부각시킬 수 있다. 광고가 인간의 욕망과 담론을 조작하며 자아와 상상력을 지배한다면, 예술가는 감동적인 예술을 통해 감상자들을 움직이고 조정한다. 이렇게 같은 과정을 거치는데도 유독 광고만을 비판할 수는 없는 일이다.

# 03

# 텔레비전 방송의 스토리텔링

## 4인 4색

KBS의 〈개그콘서트〉에 '4인 4색'이란 코너가 있었다. 동화구연자, 홈쇼핑 호스트, 다큐멘터리 내레이터, 스포츠 캐스터의 각기 다른 이야기 방식이 교묘하게 연결되면서 사람들의 웃음을 일으키는 프로이다. 방송의 한 예를 살펴보자. 무대에 각자의 역할에 맞는 복장을 한 네 명의 이야기꾼이 등장하여 자기소개를 한다.[15]

어린이 여러분, 오늘은 미녀와 야수 이야기를 들려줄게요(동화구연자 이하 '동' 으로 표기).

오늘 참기름 세트를 준비했습니다(홈쇼핑 호스트, 이하 '홈' 으로 표기).

오늘 〈동물의 세계〉 주인공은 바로 닭입니다(내레이터, 이하 '내' 로 표기).

지금부터 프로야구 중계를 시작하겠습니다(아나운서, 이하 '아' 로 표기).

동화구연자는 과장 어린 몸짓과 어린이 동화구연자 특유의 고저장단이 강한 억양으로 이야기를 꺼낸다.

---

15 〈개그콘서트〉, 2004년 1월 25일 방송.

옛날 옛날에 어떤 마을에 너무나 아름다운 소녀 벨이 살고 있었어요. 미녀가 살고 있는 집은(동) / 닭똥집이죠. 이 닭똥집을(내) / 너무나 사랑한 벨은(동) / 뚜껑이 잘 열려요(홈) / 관중들 흥분하네요(아) / 쪼아대고 있습니다(내) / 장미를 꺾은 상인에 화가 난 야수는 딸을 데려오라며(동) / 들들 볶아요(홈) / 그렇다고 흥분하면 안 되지요. 그러면 저 선수(아) / 조류 독감에 걸리죠(내) / 야수에게(동) / 거세게 항의하는데요. 저 선수 일 년 연봉이(아) / 삼만 구천팔백원이죠(홈) … (중략) … 미녀는 쓰러진 야수를 붙잡고(동) / 쭉쭉 뻗은 저 몸, 쭉쭉(아) / 설사를 하고 있습니다. 이 설사한 변을(내) / 잘 포장해서 선물을 해도 좋지요(홈)

동화구연자의 옛날이야기는 곧 텔레비전의 이야기꾼들에 의해 교묘하게 변질된다. 미녀가 살고 있는 집이 〈동물의 세계〉 내레이터에 의해 닭똥집으로 역전, 논리의 혼란을 야기하며 웃음을 자아낸다. 이것은 오해와 무지가 커뮤니케이션의 과정에서 혼란을 야기하고 그런 혼란이 구두 유머의 바탕이 되는 개그의 논리이기도 하다.[16]

이 개그는 일단 이질적인 화용의 방식이 교묘하게 연결되어 하나의 플롯을 이루면서 자아내는 불협화음 때문에 재미있다. 야구선수의 연봉은 홈쇼핑 호스트의 참기름 값과 연결되면서 삼만 원대의 터무니없는 가격으로 낙착, 그 선수를 폄하시킨다.

그러나 이 개그는 이야기라는 원형이 웃음을 자아낼 정도로 이질적인 담론의 방식을 취하고 있음을 역설적으로 드러내고

---

16 Steve Neale & Frank Krutnik(1996), 《영화 속의 코미디, TV 속의 코미디》, 한국방송개발원, p. 79.

있다는 점에서 그 중요성이 있다. 스포츠 중계, 홈쇼핑, 다큐멘터리, 그리고 그런 스토리텔링의 원질로서 옛날이야기가 존재한다.

우리는 어린 시절 할머니의 옛날이야기를 들으며 성장했다. 이야기는 인간이 세계를 인식하고 그것을 발화하는 가장 기본적인 방식의 하나이다. 그리고 그 방식은 구비시대에는 보다 더한 신성을 띠었다. 공동체의 역사와 종교가 이야기의 방식으로 전승되면서 존엄성과 숭고함을 유지해나갔다. 그런데 그 이야기는 지금 다양한 방식으로 가지 치며 성장해나간다. 그것은 물건을 많이 팔기 위해 자신의 체험담 등을 이야기하며 분위기 잡는 쇼호스트의 재담으로, 카메라 각도와 음악에 맞추어 억양과 완급을 조정하는 TV내레이션의 방식으로, 스포츠의 흐름을 전달하면서 시청자나 관중들의 흥을 돋우는 스포츠 캐스터의 이야기로 변모한다. 그 변화가 전략이든 다양화든 간에 참으로 다른 담론의 방식이란 점을 시인하는 수밖에 없다.

## 구비전승의 이야기 장르

문자가 생기기 전 구술언어만 통용되던 부족사회는 사용되는 것만이 전승되고 동시에 전승되는 것만이 사용되는 재귀순환 구조를 이룬다. 망각의 동물인 인간의 기억력에 한계가 있기 때문에 지식의 축적과 증가가 힘들었던 때문이다. 이 시대의 공동체 규모는 시간적·공간적·사회적으로 구성원들이 직접 지각할 수 있는 반경 내로 한정되었다. 수렵과 채집, 전쟁, 건축과 종교의식 등은 구성원 모두의 직접적인 참여가 보장되는 직접적인 모임을 통해서 구술로 진행되었다.

　이런 기능을 위해 공동체의 삶과 문화에 유용한 지식을 계승하는 역할을 맡은 '그리오' 라는 계급이 등장한다. 그들은 공동체의 역사·문화·경제 등에 얽힌 제반지식을 외워서 전달한다. 지식을 전달할 때는 북 같은 도구를 사용하여 멜로디와 리듬, 몸짓을 첨가했다. 이런 보조도구들은 기억의 개인적 편차와 왜곡, 망각으로부터 지식을 보호하는 데 유용했다. 특히 이야기 방식은 기억을 되살리는 데 도움이 되었다. 구체적인 체험이나 상징 속에서 지식을 엮어나가는 방식은 당시 역사구술에 전형적으로 드러난다. 지식의 전수는 특정한 장소에 마을 구성원들이 모여 있는 가운데 노래, 춤 등을 동반한 일종의 의식으로 치러졌다.

　자연히 신성함, 엄숙함이 깃들게 되는데 이 분위기는 말의 속성 때문에 더욱 신성해지고 엄숙해졌다. 말은 사람의 몸을 동원하는 행위의 일종이다. 소리를 내야 말이 된다. 여기서 말은 당연히 행동의 양식이지 사고를 표현하는 기호가 아니다. 당시 사람들이 말에는 위대한 힘이 깃들어 있다고 생각한 것은 무리가 아니다. 음성은 힘을 사용하지 않으면 소리로 울릴 수 없다. 사냥할 때 들소가 쓰러져 더 이상 소리를 내지 않을 때야 비로소 사람들은 그 곁에 갈 수 있다. 말은 힘이요, 생명의 상징이었던 것이다. 인간이나 사물의 영혼과 닿아 있다고 생각한 말의 전수에 신성함을 느끼는 것은 당연했다. 그들에게 이야기의 전수시간은 이야기되는 사물의 힘을 느끼는 시간이기도 했다.

　이야기꾼의 이 신성하고 엄숙한 시간은 문자 시대에서 디지털 시대를 거치면서 그 초월성과 신성함을 상실하고 비공식적이고 사적인 이야기로 남게 되었다. 사람들이 모여서 이야기하는 것, 그것은 고대 그리스의 아고라 광장에서부터 18세기 커피하우스에 이르기까지 사람들이 수동적인 구경꾼이 아니라 적극적인 참여자로서 논의의 결과가 공동체의 사회, 문화의 영향을 미쳐왔다. 사실 텔레비전 토크쇼는 이런 측면에서 참여 유발적이고 상호작용적이며 사회공론의 장을 마련하는 이야기 공동체와 맥락을 같이하고 있다 하겠다. 이 때문에 이웃과 담을 쌓고 사는 고독한 현대인들에게 토크쇼가 인기 있는 것이다.[17]

　그러나 현재 텔레비전의 토크쇼 중 일부는 스타들의 결혼, 가정생활 등 시시콜콜한 프라이버시의 소비로 점철된다. 인기 있는 영화배우나 가수들이 나와 자신의 사생활을 고백하는데 그 고백은 시청자들에게 비상한 관심을 끈다. 특히 미국의 일부 토크쇼의 사적 고백은 상상을 초월한다. 근친상간, 동성연애, 스캔들, 범죄행위 등에 대해 모든 것을 까발리며 모욕적인 언사를 토해낸다. 고백은 이제 종교적인 경건함을 지닌 고해성사에서 가장 저급한 성적·폭력적 환상을 불러일으키는 담론이 되어버렸다. 미국 대통령의 성 스캔들은 이라크 전쟁만큼, 혹은 그보다도 더한 흥미를 불러일으켰다. 이야기는 타락했다. 이야기 속에서 영원히 재귀순환되던 지식은 이제 한순

---

17 Gini Graham Scott(1998), 《토크쇼, 그 힘과 영향》, 김숙현 옮김, 한국방송개발원, pp. 6~7.

간의 말초적인 즐거움을 만족시킬 소비재로 전락했다.

그러나 고대 이야기의 잔영은 현재 구연동화에서 미미하게나마 존재한다. 최근 전래동화는 어린이 도서시장의 활성화에 힘입어 성황을 이루고 있다. 주로 민담 등 옛이야기를 재창작하여 어린이가 읽기 좋게 삽화를 곁들여 그림책으로 만든 것인데, 교사나 부모가 아이들에게 읽어주기 편한 문장으로 되어있으며, 녹음 테이프가 곁들여지기도 한다.

물론 어른들의 입장에서 옛이야기는 유머시리즈 재료나 흥미 있는 존재일 뿐이다.

첫째, 주제가 너무 단순하고 교훈적인 권선징악 일색이라는 점, 둘째, 구성이 주로 시간순으로 되어 있어서 묘미가 없다는 점, 셋째, 이야기만 있고 묘사가 없다는 점, 넷째, 등장인물이 전형적이라는 점 때문에 복잡하고 교양 있는 성인들에게는 너무 뻔하고 쉽다는 것이다.[18]

그러나 아이들의 경우는 다르다. 우리의 기억을 더듬어 보면 어린 시절 할머니가 들려주셨던 옛날이야기나 어머니가 읽어주신 동화책 속의 이야기는 반복해서 들어도 싫증이 나지 않았다. 산타클로스의 존재를 정말 믿었으며, 백설공주 이야기에 눈물을 흘렸다. 동화는 유년시절 우리들의 절실한 꿈이었다. 아이들은 구체적인 몸짓과 말투를 첨가한 구연동화를 진지하고 성실하게 경청한다.

---

18  김순진(2002), 〈전래동화 출판과 설화문학의 현대적 수용〉, 《한국인의 삶과 구비문학》, 서대석 외 편, 집문당, pp. 217~218.

## 홈쇼핑의 스토리텔링

음악이 흐르고 불빛이 무대에 흐른다. 쇼호스트와 제품 디자이너가 무대에 서 있거나 혹은 음악에 맞추어 같이 걸어나온다. 인사를 하고 팔려는 상품 옆에 나란히 선다. 차분하게 이야기를 진행해가는 쇼호스트도 있지만 대부분 들뜬 목소리이다. 이런 상품을 소개하는 것이 기뻐 죽겠다는 표정을 지으며 옆의 디자이너와 말을 나눈다.

디자이너는 그 상품제작에 전문적으로 참여한 사람으로 제품의 품질과 디자인에 대해 전문적인 지식을 가지고 해설한다. 쇼호스트는 분위기를 띄우는 한편 전문가로 하여금 적절한 지식을 이야기할 수 있도록 유도하면서 재미있게 이야기를 진행해간다. 쇼호스트는 제품의 가격이나 품질에 대해 정보를 전달해주는 역할도 하지만 궁극적으로는 시청자로 하여금 상품을 사도록 설득해야 할 의무를 지니고 있다. 당연히 설득화법이 중요한 이야기방식인데 이를 위해 자신이 겪은 체험을 이야기형식으로 말하는 경우가 많다.

예를 들어 트렌치코트를 팔 경우, 쇼호스트는 자신의 오빠 이야기를 꺼낸다. 친오빠가 군대를 갔을 때 추운 겨울 군복차림으로 뛰어가는 군인들을 보고 오빠가 고생하는 모습을 상상하며 눈물을 흘렸던 일, 오빠가 제대하자마자 아르바이트한 용돈을 모아 사준 선물이 트렌치코트였다는 이야기는 제품에 대한 직접적인 정보가 아니다. 그러나 시청자는 트렌치코트에 얽힌 이야기를 들으며 따스한 인정, 우애라는 이미지를 코트와 연결시키며 그 이야기를 사려 한다.

쇼호스트와 해설자 사이의 장단과 호흡 또한 진행의 묘미를 배가시킨다. 쇼호스트의 체험에 맞장구치며 "오빠 생각이 많이 났겠네요"라든가, "참 착한 동생이셨군요" 같은 장단을 넣어 이야기의 감동을 배가시킨다. 이 경우 해설자는 쇼호스트의 말을 듣는 대표 청취자의 역할을 하는 것이다. 마치 판소리의 창자와 고수처럼, 마치 스포츠 중계의 아나운서와 해설자처럼….

홈쇼핑의 스토리텔링은 여기서 그치지 않는다. 모델들은 단순히 옷을 걸치거나 제품사용을 시연하는 존재에서 멈추지 않고 남녀 모델이 다정한 연인 사이로 나와서 트렌치코트로 애인을 감싸거나 팔짱을 끼고 데이트하는 장면을 연출하여 소위 트렌치코트와 겨울연인과의 밀접한 관계를 암시한다.

아예 하나의 확정적이고 완결된 스토리라인으로 존재하는 제품도 있다. 오디오 상품의 경우 신혼부부가 무슨 일로 서로 다툰다. 몹시 화가 난 아내는 토라져서 소파 위에 앉아 있고 아내를 달래려 온갖 노력을 해도 소용없자 남편은 오디오를 켜서 달콤한 음악을 들려준다. 노래에 취한 아내는 기분을 돌리고 남편과 화해한다.

전기 그릴의 경우를 보면 외식을 하러 차를 몰고 밖으로 간 가족은 교통체증과 식당의 바가지요금에 짜증만 남은 저녁을 보낸다. 한편 또 다른 가족은 집에서 전기 그릴을 이용하여 손쉽게 고기를 구워 먹음으로써 저녁 한때를 오붓하게 보낼 수 있었다.

상품은 등장인물들이 구체적인 현실에서 구체적인 상황에

직면한 체험 속에 녹아 자신의 이미지를 획득한다. 현재 홈쇼핑의 상품은 우리 삶의 꿈을 완성하는 매개체로서 시청자에게 다가간다. 상품의 역할은 일찍이 다른 이야기 장르에도 실감된 바 있다.

우리는 우리에게 감동을 주었던 영화의 여주인공이 사용하던 물건에 넋을 빼앗긴다. 사랑하는 남자와 같이 끼었던 반지, 그 반지는 새로운 사랑방식의 상징으로 부각되고 감상자들은 그 자신의 감동을 표현하는 방식으로 반지를 낀다. 이런 방식은 이제 주객이 전도되어 이야기가 상품을 파는 수단으로 변화된 것이다.

타락이라고 할 수 있을까? 공동체기억의 전수물로서 그 사회의 역사, 종교, 사유체계가 녹아 있던 이야기는 이제 그 신성함을 벗어버린 채 한갓 싸구려 제품을 판매하는 수단으로 전락한 이 상황을 개탄하고 있어야 하는 걸까?

## 다큐멘터리 방송의 내레이터

내레이션(narration)의 의미는 영화나 TV 프로그램의 화면에 맞춰 해설하는 것이다. 방송에서는 텔레비전이나 라디오의 다큐멘터리, 구성물 등의 해설을 내레이션이라고 하고, 해설을 담당하는 사람을 내레이터라고 한다. 내레이터는 배경음악과 음향효과가 깔리는 화면을 설명해나간다. 프로그램의 형식과 내용에 따라 해설의 완급과 억양, 분위기가 달라진다.

예를 들어 문예물의 해설에는 내레이터의 감정을 이입하거나 개성을 살려 효과를 높일 수 있으나 비문예물의 경우 내레이터의 감정을 개입시키지 않고 객관적인 입장에서 차분하게 지식을 전달하는 데 주력해야 한다.

1960~1970년대 아나운서의 방송에는 특유의 낭독조가 있었다. 곱고 매끄러운 음성에 틀에 박힌 듯한 특유의 목소리는 1960~1970년대 극장에서 듣던 '대한 늬우스'의 톤을 떠올리면 된다. 물론 세월이 지나면서 보다 자연스러운 목소리로 변했지만 아직도 억양이나 발음에는 '방송용'이 존재한다.

다소 자연스러운 말에도 음의 고저장단이 존재하며 일의 내용과 형태에 따른 어조의 강약이 있다. 특히 속도도 중요한데 문화예술 방면이나 휴먼다큐멘터리 같은 프로그램의 내레이션은 전체적으로 비교적 느리고, 〈동물의 왕국〉 같은 자연 다큐멘터리의 내레이션은 빠른 것이 보통이다. 물론 장면에 따라 속도와 강약, 분위기는 달라진다. 어린이의 해맑은 미소가 나올 때는 밝은 목소리가, 전쟁의 폐허 장면에서는 당연히 무겁고 가라앉은 목소리가 나와야 한다.

## 스포츠 중계자

스포츠 중계자는 흔히 스포츠 캐스터로 불린다. 문자 그대로는 정보를 던지는 사람, 즉 경기장에서 벌어지는 역동적인 상황을 매 순간 훈련된 언어로 각색하는 사람이라 할 수 있다. 스포츠 캐스터는 관련 스포츠에 대한 전문적인 지식을 구비하고 있으면서도 경기 실제상황을 예리하게 파악하여 관중에게 전달해야 한다. 스포츠 캐스터의 옆에는 전문가로서 해설자가 있어 경기의 진행을 명확하게 설명해준다. 물론 이야기의 흐름은 스포츠 캐스터가 주도한다. 그는 시청자에게 스포츠의 가치나 규범, 규칙을 가르쳐야 하고 경기의 방식과 흐름, 선수의 능력과 기록 등 세세한 면까지 제시해야 한다.

그러나 스포츠 캐스터의 더 큰 의무는 단순 정보전달이 아니라 객관적인 상황을 흥미롭게 연출하여 시청자와 관중의 흥을 한껏 돋우는 것이다. 스포츠는 원래 참여해서 즐겁도록 만들어진 경쟁놀이다. 즉 선수로서 주어진 규칙을 지키면서 게임의 승패를 겨루어야 즐거운 것이지 먼 곳에서 팔짱 끼고 구경만 하면 아무래도 재미가 반감되게 마련이다.

자기편을 정해서 경쟁심을 유발하는 것도 한 방법이겠고 편을 나누어 응원하면서 경기에 참여해도 좋다. 그러나 TV를 볼 때는 이런 방법도 통하지 않는다. 그럼에도 불구하고 축구나 야구에 관중이 열광하는 가장 큰 이유는 바로 이 스포츠 캐스터와 해설자의 화술에 있다고 볼 수 있다.

2006년 월드컵 때 모든 방송사가 동일한 시간에 같은 경기를 내보내는데도 특정 방송사가 인기가 있었던 이유는 스포츠 캐스터와 해설자의 능력 때문이었다. 당시 스포츠 캐스터는 경기 상황을 정확하게 소개했을 뿐 아니라 선수들의 행동에 자신의 감정을 이입하면서 관중의 흥분을 유도해내었다. 재치 있는 화술로 시청자들을 즐겁게 했을 뿐 아니라 해설자와의 주고받는 말이 어떤 때는 개그맨들의 재담 수준에 이른 적도 많았다.

## 이야기, 이야기, 이야기

다시 4인 4색으로 돌아가 보자. 토끼모자를 쓴 동화구연자는

"옛날에 옛날에~"를 연호하며 '미녀와 야수'를 '어린이 여러분'에게 들려준다. 높낮이가 심한 어조와 과장된 몸짓은 동화 구연의 공식이다. 구연동화는 그것을 바라보는 어른들에게는 유치하고 뻔한 이야기에 불과하지만 아이들에게는 전수되어야 할 지식이며 꿈으로 존재한다는 점에서 이중적이다.

그러나 이 이중적 특성은 홈쇼핑 쇼호스트, 스포츠 캐스터, 다큐멘터리 내레이터의 이야기에 의해 중첩되면서 여러 갈래로 그 이질성과 다성성을 드러낸다. 같을 수 있을까? 어린이에게 꿈과 희망이 되는 그 이야기가 상품의 품질을 설득하려 드는 쇼호스트의 들뜬 목소리와 같을 수 있을까? 스포츠 캐스터의 경기 상황 전달은 동물의 생태에 대해 단호하게 규정짓는 내레이터의 이야기와 같을 수 있을까? 너무나 다른 4인 4색은 그러나 교묘하게 연결되어 일관된 스토리 라인을 만들어내고 있다. 다름과 같음의 불협화음의 형식은 이야기 장르들의 현 주소를 정확하게 짚어내고 있다.

# 04

# 만화의 스토리텔링

## 만화의 표현언어

만화에서 언어의 기본 요소는 칸(panel)이다. 대개 직사각형이나 정사각형의 모양으로 독립해 있으면서도 앞뒤의 그림들과 밀접한 관계를 가지며 이야기를 만들어나간다. 이 양상은 마치 단어들로 이루어진 문장의 구조와 비슷하다. 때문에 하나의 칸만을 떼어내어 만화의 본질을 파악하려는 태도는 잘못된 것이다. 한 문장을 이루는 단어들처럼 칸들이 모여서 수평으로 이어진 띠(strip)를 이루어 연속만화가 된다.

만화의 독특한 표현언어로 말풍선(balloon)이 있다. 등장인물의 말을 풍선이나 구름모양의 테두리 안에 표현하는 것으로 만화에서 그림과 문자의 결합공식이라 할 수 있다. 그뿐 아니라 상형문자나 시각적 농담의 형식을 빌린 상징들도 많다. 예를 들어 머리 위에 켜진 전구는 좋은 생각이 떠올랐다는 표현이고, 머리 위로 뭉게뭉게 피어오른 검은 구름은 비탄이나 절망을 의미한다.

## 만화와 소설의 공통점과 차이점

만화와 소설의 비교연구가 많이 있다. 예를 들어 문학의 세 장르를 만화의 카툰, 캐리커처, 애니메이션과 비교하는 연구가 있다. 시는 카툰, 소설은 코믹 스트립, 희곡은 애니메이션과 비슷하다는 것이다. 특히 소설의 구성요건은 만화의 구성요건과 비슷하다. 플롯·인물·주제·배경·시점에 있어 공통점과 유사성이 있다.

재미있게도, 서구 근대소설의 탄생과 근대만화의 탄생에는 공통점이 많다. 서구의 본격적인 근대소설인 사무엘 리처드슨(Samuel Richardson)의 《파멜라(Pamela)》가 1740년에 나왔다면 최초의 사실적인 그림이야기는 1731년에 나온 윌리엄 호가스(William Hogarth)의 《창녀의 편력》이었다.[19]

그러나 실제로 만화에는 서사적 속성이 있기는 하나 그것 자체가 문학은 아니다. 만화의 스토리텔링은 글과 그림의 상호작용에서 찾아야 한다. 만화는 텔레비전이나 영화에서와 같은 일련의 '움직이는 그림'이 아닌 2차원의 시각발화체이다.[20]

만화에서 표현은 글과 그림 간의 상호작용의 결과이며 이것을 구성하는 요소의 총합에서 발생하는 제3의 무엇이다. 롤랑 바르트(Roland Barthes)는 일찌감치 글과 텍스트로 이루어진 텍스트를 인식하고 양 체계에 대해 관심을 가졌다. 그는 모든 그림의 기의는 '떠도는 사슬고리'인데 이를 글이 고정하거나 중계한다고 여겼다. 그림이 가지는 다의성은 의미에 관련된 의문, 즉 이게 무엇인가 하는 의문을 수반하게 되는데 이에 대해 글이 가지는 명명기능이 답을 제공한다는 것이다. 이것은 글

---

19  김용락 · 김미리(1999), 《서사만화개론》, 범우사, p. 41.
20  박일우(1995), 《문화와 기호》, 문학과지성사, p. 378.

이 그림에 대해 상보적 기능을 가지는 경우를 말한다.

한편 '중계'의 방식은 글이 그림과 상보적 관계를 가지는 경우를 말한다. 글이 더 이상 그림을 설명하는 것이 아니다. 여기에 대한 예를 살펴보자.

네모 안에 점이 하나 있다. 만약 점이 "나는 초원에서 길을 잃은 카우보이"라고 말했다면 이때 글은 고정의 기능을 한다. 그러나 만약 그 점이 "나는 겁이 나!"라고 말했다면 글은 중계의 기능을 한다.

글과 그림의 관계를 주정보/잉여정보로 혹은 서술적 기능/기술적 기능으로 설명한 경우도 있다. 그러나 만화에서 글과 그림은 단순히 결합이나 합성의 의미를 지니지 않는다. 같은 공간에서 글과 그림은 복수의 읽기과정을 필요로 한다. 이차원의 그림은 단선적 구조를 가지는 글읽기와 다르다. 읽기는 여기서 하나에서 다른 것으로 변천되고 미끄러진다. 그것은 기호의 덩어리이며 융합된 의미장에 속한다.[21]

따라서 만화에서 스토리텔링은 글과 그림의 복합적인 측면을 고려하면서 수행되고 감상되어야 한다. 만화가는 만화의

---

21 앞의 책, pp. 378~388.

이야기를 만들면서 의식적·무의식적으로 글과 그림의 분배, 배치를 끊임없이 생각한다. 그리고 이 효과는 독자의 글읽기와 그림읽기의 동시 수행을 통해 완성된다.

만화를 보는 수용자의 인지상태를 순서대로 도식화하면 다음과 같다.[22]

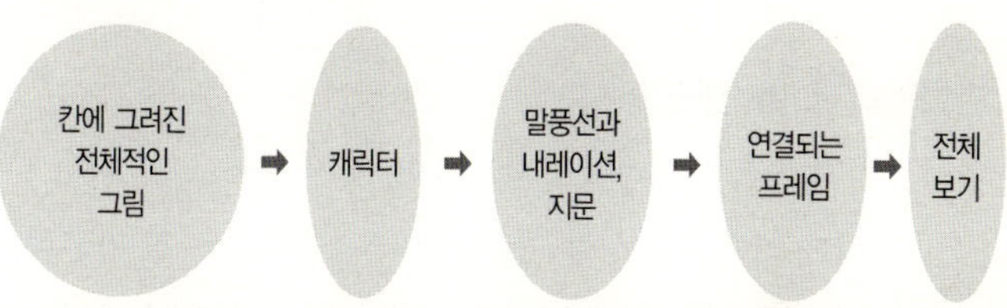


독자는 처음에 한 칸, 한 칸에 그려진 그림을 시각을 통해 직관적으로 받아들인다. 이것은 독자에게 매우 직접적이고 강력한 영향력을 보인다. 이때 가장 먼저 독자의 눈을 사로잡는 것은 캐릭터이다. 그래서 대부분의 상업만화들이 작품의 초반부터 캐릭터를 전면에 내세우는 것이다. 독자가 전면의 캐릭터를 어떻게 받아들이느냐에 따라 만화 전체의 수용방식이 달라진다.

각 칸에 그려진 그림과 캐릭터를 직관적 형상에 의해 받아들였다면, 말풍선과 내레이션, 지문을 통해 비직관적 형상을 받아들인다. 이때 문자는 다시 가장 먼저 받아들였던 그림이나 캐릭터의 인식에 새로운 영향을 미친다. 처음 직관적으로 인식했던 캐릭터에 대한 인상이 문자를 통해 다시 변모하는 것이

---

22 박인하, 《만화를 위한 책》, 교보문고, pp. 121~125.

다. 이런 점에서 수용자의 인식방식은 순차적이라기보다 상호
보완적이며 역동적이다. 여기에서 독자는 칸과 칸 사이의 연
결되는 프레임을 읽어나가면서 상상력을 통해 하나의 동작이
나 시간의 경과 등 연속된 이미지의 흐름을 나름대로 형성해나
간다.

## 만화만의 스토리텔링 방식

만화만의 독특한 스토리텔링 방식을 몇 가지 들어보자.

첫째, 칸은 만화의 구성상 최소단위이자 만화의 가장 기본적
인 요소이다. 작가는 칸의 변화와 연출을 통해 서술의 흐름에
변화를 주고 완급을 조절할 수 있다. 또한 주인공의 감정표현,
등장인물의 주목여부, 집중과 분산 등 다양한 측면에서 작가의
창작의도를 표현할 수 있다.

둘째, 말풍선은 만화에 나타나는 모든 대화를 표시하는 만화
의 핵심적인 요소이다. 말풍선으로 만화의 한 장면은 고정된
장면 내에서 시간의 흐름을 얻고, 만화 전체의 이야기 흐름을
발생시키는 역할을 한다. 카툰과 일러스트 등에서 말풍선은
거의 보이지 않는다. 그러므로 말풍선은 스토리 만화의 기본
요소라고 보는 것이 옳다.

스토리 만화라도 초창기 만화에서는 말풍선을 사용하지 않
았다. 화면의 상단부나 하단부에 등장인물의 대화를 수록했는
데 차츰 만화가 발전하면서 대화가 칸 안으로 들어오기 시작했
고 등장인물의 대화를 표시하는 말풍선이 등장했다. 결국 말
풍선은 만화에서 그림과 글이 상호작용하며 융합하여 하나의

스토리를 만드는 데 중요한 역할을 하는 것이다.

초기에 단순히 말과 글의 경계를 짓는 역할을 했던 말풍선이 하나의 시각적 이미지로 작용하면서 말과 글의 융합인 이코노텍스트의 경향을 보이기 시작한다. 말풍선은 일반적인 풍선모양뿐 아니라 네모모양, 삼각형모양 등을 사용하는데, 말풍선의 선택에 따라 그 말의 인상이 달라진다. 예를 들어 다른 인물의 말은 풍선모양을 사용하다가 격분하는 인물의 말풍선을 모가 나게 표현하여 그 인물의 기분을 효과적으로 나타낼 수 있다.

셋째, 등장인물은 영화나 소설에서와 마찬가지로 만화에서도 중요한 요소이다. 흔히 등장인물의 이름을 만화의 제목으로 사용하는 경우가 많다. 《꺼벙이》,《순악질 여사》,《덜렁이》,《캔디》,《우주 소년 아톰》,《황금박쥐》 등이 모두 주인공의 이름을 작품명으로 사용한 경우이다.

# 테마파크의 스토리텔링

## 테마파크의 정의와 스토리텔링

테마파크에 대한 정의는 다양하다. 몇 가지 예를 들어보자.

- 일반적으로 다양한 놀이시설과 매력물을 제공하여 오락과 즐거운 경험을 체험하게 하는 곳이며 모든 매력물이 계획된 특정 테마를 주제로 계획, 운영된다(John McEniff).
- 다른 곳과 다른 때의 분위기를 창조하고 통상 건축물, 전망, 특정 시대의 전통복장을 한 종사원들, 탑승물, 쇼, 식음료 서비스, 그리고 기념품 등이 통합되어 하나의 특정 주제를 강조하는 매력물(Ady Milman).
- 티켓이나 음료를 판매하는 사업이 아니라 즐거움과 흥미를 유발하며 경험을 판매하는 사업(H. Vogel).
- 스릴, 환상, 그리고 깔끔함과 친밀한 분위기라는 주제를 기초로 한 하루 종일의 건전한 가족여흥을 제공하는 곳(George Torkildson).
- 특별하게 창출된 환경과 분위기 속에서 운영되는 가족위주의 즐기는 공원으로서 그 속에는 독특한 역사적 배경이 있는 것, 복원된 마을, 유서 깊은 철길, 전문박물관, 심지어는 전문 쇼핑센터도 해당되며 가장 인기 있는 것은 주제가 있는 탑승공원이다(ULI).
- 기존 놀이·위락시설에 보다 나은 흥미를 위하여 일정한 주제를 가미한 것으

로 현대인의 여가와 관광욕구를 가장 충실하게 만족시키고 있는 곳. 어느 특정한 주제를 설정하고 분위기를 연출하여 전체를 일관성 있게 구성, 운영하는 레저파크의 한 형식으로 시간을 초월한 거대한 폐쇄공원(정재선).[23]

이런 다양한 정의들을 요약하면, 테마파크란 통상적으로 '주제라는 관념적 울타리를 갖는 공원'으로 규정할 수 있다. 즐거움과 적절한 경험을 판매하는 사업, 다른 공간과 분위기를 창출해내고 건물과 경치, 탑승물, 식음료 그리고 상품들이 선정된 주제에 맞게 조화됨을 통하여 하나의 지배적인 분위기에 집중시키는 장소, 주제라는 관념적 틀을 가진 공원으로서 이를 적절히 표현하는 소재로 구성하여 방문객들에게 일상을 탈피한 경험을 제공하는 공원 등으로 정의된다.

이는 작가가 하나의 주제를 지니고 작품에 일관성을 부여하면서 작품의 허구적 세계를 창조하는 서사의 방식과 부합하는 것이다. 테마파크는 놀이 공간이다. 놀이는 자유스러움을 지니며 탈일상의 성격, 무관심성의 요소를 지니는데[24] 이것은 제한된 공간에서 다른 분위기를 창출해내는 테마파크와 일치한다. 그런데 놀이는 '내가 참여하여 만드는 이야기'이다.[25] 어린이가 놀이를 할 때 각자 엄마, 아빠 역할을 맡고 시나리오를 만들어 이야기를 진행해간다. 테마파크에 기본적으로 이야기의 속성이 있는 것은 이 때문이다.

<hr>

23  조현숙(1997), 〈관광정보연구 1 : 테마파크의 발전 과정과 국내 테마파크의 개발 방향〉, 한국관광정보학회, pp. 206~208.
24  로제 카이와(1999), 《놀이와 인간》, 이상률 옮김, 문예출판사, p. 26.
25  최혜실(2003), 《디지털 시대의 영상 문화》, 소명, pp. 120~121.

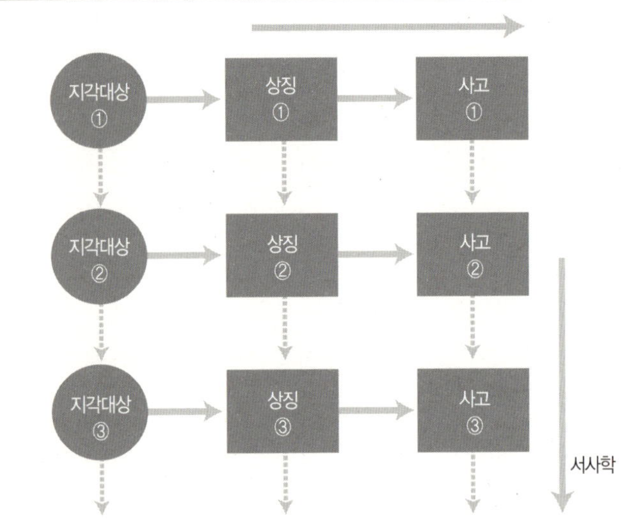


## 테마파크 스토리텔링의 특성

테마파크에서 관람객들은 건물과 다양한 이벤트의 배치를 공간체험하면서 나름대로 이야기를 만들어가는데 그 방식은 물론 소설을 읽는 것과 다르다.

대상물로부터 느껴진 감응을 지각하는 과정인 시각 경험은 단편적인 정보를 받아들이는 시감각을 통해 이루어진다. 눈이 상황을 시각적으로 인지한다면 두뇌는 수용된 메시지들을 하나의 시각적 이미지들로 종합하는 작용을 한다. 이때 공간의 경험이 연속적으로 이루어지는 경우, 사람은 매순간 획득된 시각적 경험을 시간의 축에 따라 배열하고 이들의 관계를 종합적으로 파악하는 작업을 통해 시간적 연쇄에 의해 종합된 구조가

● 표 5-1  소설과 테마파크의 공통점과 차이점

| 소설 | 테마파크 |
| --- | --- |
| 낯설게 하기 | 일탈 |
| 인과성 | 공간에서의 연쇄성(sequence) |
| 선형연쇄성(sequence) | 공간구성법 |
| 일방성 | 상호작용성 |
| 작가의 제시 | 체험에 의한 이미지들의 감성적 잔상감의 연속 |

● 표 5-2  담론(표현)과 이야기(내용)의 테마파크 적용

| | 표현(discourse) | 내용(story) |
| --- | --- | --- |
| 실체(parole) | 테마파크(구성요소) | 원전 스토리(인물, 사건, 배경) 이야기 덩어리 |
| 형식(langue) | 구성법, 표현법, 놀이법 | 주제, 제목, 컨셉, 감성적 변화, 의미 덩어리 |
| 목표 | 일탈 인터랙션과 연쇄에 의해 형성, 재방문력 | 향수, 기억 작용에 의해 형성, 재방문력 |
| 건축방식 | 공원화(parking) | 주제화(theming) |

자료 : 이상원(2001), 〈테마파크의 서사구조〉, 《한국문학평론》 18호, p. 38.

지니는 총체적인 의미의 인식에 도달하게 된다.[26] 기호학이나
도상학이 하나의 시각경험에 대한 해석이라면 서사학은 일련
의 이야기 연쇄에 대한 해석이라 할 수 있다.

　소설과 테마파크의 공통점과 차이점을 도표화하면 〈표 5-1〉
과 같고, 서사물의 구성 요소인 이야기(내용)와 담론(표현)을 테
마파크에 적용하면 〈표 5-2〉와 같다.

　이처럼 '주제라는 관념적 울타리를 지니는 공원'으로서 테

---

26  양상현(1999), 〈조선 시대 사찰 배치의 서사구조〉, 서울대 건축학과 박사학위 논문, pp. 3~5.

마파크는 작가가 하나의 주제를 지니고 작품에 일관성을 부여하면서 작품의 허구적 세계를 창조하는 서사의 방식과 근본적으로는 일치한다. 종이와 공간이라는 매체의 차이에 의해 그 표현의 방식이 변할 뿐이다.

최근 문학인들의 생애나 작품을 테마로 한 공원들이 속속 건설되고 있다. 그러나 텍스트를 매체로 한 문학적 속성이 공간에 적용되는 문법이 제대로 규정되어 있지 않아 이런 테마 공원들은 건축가의 주관이나 직감에 의존하게 됨으로써 문학성이 제대로 공간에 구현되고 있지 않는 문제점이 있어왔다. 공간의 스토리텔링으로서 테마파크의 특성을 구명해야 할 필요가 절실하다.

◯ 에필로그

현대사회의 생활 전반으로 확산되고 있는 이야기의 정체를 규명하기 위해 종래 문학 중심으로 논의되던 서사학(narratology)을 지양하고 새로운 이야기학으로서 '스토리텔링'의 개념을 제시하였다. 이 개념은 영화·비디오·게임·광고·애니메이션·디자인·만화·드라마·테마파크 등 문화산업 전반의 미학적 가치를 높이는 데 충분히 활용될 수 있다고 본다.

예술은 잉여(剩餘)가 나타나면서 탄생했다. 즉 먹고살고 남는 것이 있을 때 인간의 삶을 풍요롭게 하는 예술이 살아 숨쉴 수 있게 된 것이다. 이야기가 우리 삶의 전반을 장식할 수 있게 된 것은 삶의 질이 그만큼 향상되었기 때문인지 모른다. 어려웠던 시절, 상품은 질기고 튼튼하면 되었으나 오늘날은 소비자를 즐겁게 하고 감동시키는 데 더 큰 의미를 둔다. 살아가는 데 필수적이었던 노동의 요소가 놀이로 바뀌는 것, 상품과 나와의 관계가 예전 예술이 나에게 기쁨을 주고 위안을 주던 방식으로 바뀌는 것이야말로 우리가 추구하는 유토피아가 아닐까?

지면관계상 이 책에서는 다섯 가지 스토리텔링 방식밖에 소개하지 못했다. 게임, 애니메이션, 캐릭터 등 많은 다른 장르들이 존재하며 그 장르들은 매체의 차이에 따른 특징적인 스토리텔링 방식을 지니고 있다. 또 한 장르가 다른 파생 장르를 만드는 문화산업의 특징상 같은 콘텐츠가 다른 장르로 각색될 때의 스토리텔링 변이방식을 공식화할 수 있다면 파생 장르로 전환될 때의 위험을 줄일 수 있다. 그 공식에 대해서는 앞으로 지속되는 연구를 통하여 밝힐 작정이다.

삼성경제연구소가 SERI 연구에세이 시리즈를 발간합니다.

SERI 연구에세이는 우리시대의 과제에 대한 지식인들의 직관과 지혜, 그리고 통찰력을 담아 한국 사회가 가야 할 방향을 밝히고 구체적인 정책대안을 제시하는 메시지입니다.